Life is FLY Fishing
season III

目次

初めて訪れる釣り場に到着したとき、ワクワクしない釣り人がいるだろうか？　しかもそこが南海に浮かぶ小さな島で、かつこれまで日本ではムリだと言われてきたボーンフィッシュが釣れる可能性があって、さらには外道で大型のトレバリー（汗）が釣れてくるというのだ。

沖縄にあって徳之島にないものは、スタバ、マック、デパート（百貨店と自称するスーパーはある）、フライを扱う釣具店。少ないのはコンビニ（ファミマ二店舗）、ファミレス（ジョイフル一店舗）。異常に多いのがガソリンスタンドと郵便局。魚はかなり多いが、こればかりはいくら多くても足りない（笑）！

この防波堤前のビーチはトレバリーの回遊コースに当たっている。衛星写真で見ると、はっきりと沖合からつながっている深い筋が見える。周回してくるトレバリーの巨大さたるや、恐怖を覚えるほどで、フライのタックルだと釣りをする前から勝負が決していると思うのは私だけだろうか。

ちっちゃな入り江のなかに、ミジュン（ミズン。ニシン科の小魚）がひしめいていて、海面が黒く見えている。そしてその脇に50㎝くらいのクロダイが五匹。クロダイはミジュンを捕食しない。クロダイ釣りに必要なのは忍耐だ。ひたすら時合いを待つ。

オーナーがうちなーんちゅ（沖縄人）だったことは火を見るより明らかだ。いつ役目を終えたのか、ミニクラブと掲げるからには、スナックとは一線を画す趣向があったのだろうか。目をつぶって往時の店内の賑わいを思う私の耳に、聞こてくるのはひそやかな潮騒ばかり。

ミニクラブの賑わいに思いをはせ、時間の残酷さにしんみりとなった私が振り返った先には、一瞬先の幸運をつかみ取ろうと必死になっている釣り人がいた。人は未来を知らないからこそ希望という魔力を得ることができるのだ。

私は幽霊を見たことはないが、奥羽山地で山奥の林道にうずくまっている老爺は見たことがある。私の常識はその塊が人間ではないと理解していたが、怖くなった私は林道を引き返した。徳之島にも心霊スポットがあるらしい。「野中さーん、右腕を忘れたら釣りできませんよ！」

カラフルなのに、赤がないと思った。カラフルでなければ生き残れないこの魚の祖先には、あるいは赤色を身に着けた個体がいたのかもしれない。傷ついた魚とまちがえられて食われていった結果、赤色のない個体の遺伝子だけ引き継がれていったのだろうか。

大きな魚とのやり取りは「ファイト」という言葉がふさわしい。相手が手強いからこそ緊張し、興奮し、集中する。おそらくは大半の釣り人がこの瞬間のために釣りをしている。私はといえば、リラックスしたいからこそ釣りをする。だから大魚は必要悪である。共感してくれる人に会ったことがない。

釣りは相手があることなので、やっぱり相性というものがあるらしい。日本の南海にはたくさんの種類のトレバリーが生息している。ロウニンアジ、カスミアジ、ギンガメアジ、カッポレなどのなかで、岡野はオニヒラアジと相性がいいというが、まちがいなく相手には迷惑がられている。

徳之島は人間が少ないからこそ野生生物が多い。砂浜脇の林道を歩いていると、いきなりキノボリトカゲが道を渡ってきた。小さな川に黒帯が揺れていると思ったら、体長１ｍ強のオオウナギだった。夜になれば世界に奄美大島と徳之島にしかいないアマミノクロウサギが出てくるそうだ。

ボーンフィッシュが釣れずに反省しているわけではない。岡野は、ソルトウォーター・フライフィッシングでもっとも大切なのはメンタルコントロールだと言う。疲労がたまると、こころも弱る。あきらめない気持ちを維持しつづけるためには、ダラダラと釣りつづけるより、休憩した方がいい。

四日間の最後の最後、その日一度も顔をださなかった太陽が雲間から光を放った瞬間、女神がほほえんだ。こんなこともあるんだ、と驚いた私が構えたカメラのファインダーのなかには、一家を支える中年男ではなく、釣りが大好きな少年の笑顔があった。

あの人のフライフィッシング

シリーズ その1

H.I.T. FILMS による動画（トレーラー）はこちらから↓

ボーン・イン・ジャパン

――極北のフライフィッシャー　岡野伸行

1　冒険するフライフィッシング

釣りの歴史にはわからないことが多すぎる。人類で初めて魚を釣った人物は誰なのか？　それはいつ頃なのか？　釣り鉤を発明したのは誰なのか？　いつ頃なのか？　比較的歴史が浅いと思われるフライフィッシングの世界ですら、誰が最初に毛鉤で魚を釣ったのか、それがどこだったのかは謎である。ドライだったのか、ウェットだったのか、ニンフだったのか？　ラインの素材は、ティペットの素材は？　まさかロングリーダーじゃなかっただろうな？　そういった疑問への回答は、長大な時間の向こう側にあってすべてがぼんやりとしている。マケドニアの壁画に毛鉤で魚を釣っている様子が描かれてはいるが、だからといってマケドニアがフライ発祥の土地とはかぎらない。中国だったかもしれないし、日本だったかもしれない。ともかくわからないことだらけなのである。

　しかし、わかっていることもある。東京湾のキビレをフライで最初に釣ったのは岡野伸行だ。それは２０１８年６月18日のことだった。とこう書くと、「いやいや、だったらオレの方が先だ」という人物が現れるのが釣りの世界の常ではある。ＩＧＦＡが認定するワールドレコードのように、正式な申請手順があればいいのだが、現時点ではＳＮＳあたりに魚の写真をアップして、「オレが釣ったぞ！」と宣言するより他に方法がない。以前から東京湾でクロダイを狙っているフライフィッシャーは少なからずいたから、偶然そのなかにキビレが交じっていた可能性はある。おなじスズキ目タイ科クロダイ属の仲間でありながら、クロダイとキビレの食性と行動様式は意外なほど異なる。それでも釣りには偶然があるから、クロダイを狙っていたフライフィッシャーが外道でキビレを釣ったこともあっただろう。じっさい岡野が最初ではなかったのかもしれない。ならばこう言い直そうか。

――東京湾のキビレをフライフィッシングのターゲットフィッシュとして見いだしたのは岡野伸行である。

天候やら、月の位置やら、偶然やら、運やら、時合いやら、さらには日頃のおこないといった不確定要素に左右されがちな釣りというジャンルにあっては、フライフィッシングは科学的であろうとすることを信条としている点が異例といっていい。過去のデータや釣り場を取り巻く生態系から、いつ、どこで、どんなフライを使えば釣れるかを推測して現場に向かう。しばしば推理は外れ、うなだれて現場を去ることも少なくない。それでもあきらめず、犯罪の現場検証をする刑事のようにほんのささいな変化をも見逃さずにデータブックに加える。そんな検証や推測の果てに、「オマエだったのか！」と輝かしい犯人逮捕の瞬間が訪れる。そういった推理ゲーム、謎解きパズルがフライフィッシングの醍醐味なのである。

とはいうものの、やすきに流れるのが人間で、長々しい私の釣り経験から言わせてもらえば、釣り人はもっともやすきに流れがちな人種なのである。西で釣れていると聞けば西に向かい、東で釣れていると聞けば東に向かう。いやいやフライフィッシャーはちがうよ、と言いたいところだが、悲しいかなフライフィッシャーも釣り人であり、やすきに転がる点で他のジャンルの釣り人となにもちがいはない。自分で正解を探し当てることが最大の眼目であるはずが、気づいたときには友人から聞いた釣り場に向かって車を走らせている自分がいる。「アンタほんとうは刑事じゃなくて、犯人じゃないの？」と疑いたくなるほど、自分の都合で利益だけを追求するのだ。しかも「フライはなに？」とか、ヒントどころかズバリ正解を聞いたりもして。じつのところ、現実的にはそういった安直な犯罪者タイプのフライフィッシャーの方が圧倒的多数であり、釣り場にしろ、釣り方にしろ、一から自分で探す刑事型フライフィッシャーはマイノリティである。そんなマイノリティのなかでも、岡野のマイノリティぶりはほとんど釣り人の域を超えていて、同じ北里大学水産学部出身の先輩で、フライフィッシングの王道を歩む佐藤成史氏や森村義博氏とは対極的である。

　当初、岡野が狙っていたのはキビレではなくクロダイだった。当時の岡野はＢＳチャンネル「釣りビジョン」のディレクターで、仕事柄多くの釣り場に赴いていたため手元に集まる情報量は多く、そのなかに浜名湖のクロダイを狙ったフライフィッシングがあり、東京でクロダイを釣ることができないだろうか、と考えたのがそもそもの始まりだった。

　東京湾のクロダイを釣るべく、ここしかないという場所で粘りに粘った結果の一匹はキビレだった。外道かとガッカリしかけた岡野だったが、不思議なもので五年間釣れなかった魚が一度釣れると、次の釣行、その次の釣行と連続して釣れた。クロダイよりも美しく精悍《せいかん》なルックスに魅せられた岡野は、東京湾でのフライフィッシングは、クロダイではなくキビレをターゲットにする方がゲーム性が高いと確信するようになった。

　こうして、なにかとクロダイの外道として語られることの多いキビレが、フライフィッシングの本命ターゲットフィッシュとして見いだされたのである。

それにしても驚くべきは岡野の忍耐力である。丸々五年、釣行日数およそ八十日の果ての釣果である。一日釣ってボウズを食らえば、もう二度と来るもんか！　と毒づく私にしてみれば、信じられない粘り強さである。いや、粘り強いという表現は控えめすぎるかもしれない。もともと魚を釣るという行為は、ヒトという生物が生き延びるための手段であった。釣れないと飢えるから漁獲は効率的でなければならず、そこに釣り道具の進化もあったのだ。その後、人間の歴史は欲望の歴史と言い換えたいほどの権力欲、所有欲にまみれ、そのなかから貴族という自らは働かない不思議な人々が出現して釣りをゲーム化した。簡単なジグソーパズルがゲームの意味をなさないように、ゲームであるからには難しくなければならず、釣りにくくする努力のなかからフライフィッシングというゲームルールが発展した。つまるところ、フライフィッシングというのはポジティブに表現すれば、「究極的に洗練された釣り」、ネガティブに言えば、「釣れない釣りのなれの果て」なのである。そんな、ただでさえ魚が釣れにくいフライフィッシングというゲーム世界にいながら、さらに、

――誰もやらないことをやってみたい。

と考える釣り人がいて、それが岡野だ。

釣りにくさの極みに、釣りというゲームの核心を見いだす極北の釣り人。そう考えるとき、岡野が本質的には釣り人というよりは、冒険者であることがわかる。たまたま冒険の興味の対象が魚なのだ。冒険家の角幡唯介は、地理的に未開の場所がほぼ消滅した地球上にはすでに冒険者が目指すべき場所はないという。けれども、太陽が一度も昇らない極夜の北極圏で一匹の犬と共に旅を

することは彼の冒険になる。エベレストに初登頂して人類の歴史に名を残すといった売名指向とは逆に、ストイックに自分だけに価値のある旅をする、内なる冒険へと時代は大きく変化しているのである。

2　沖縄のボーンフィッシュ

２０２２年の夏に東京湾でのキビレの取材を申し込んだとき、岡野はさほど乗り気ではなかった。冒険家は新しい目標を更新しつづけるもので、彼にとって、東京湾は終わった場所なのだ。それでも懐かしい気持ちが多少はあったのか、岡野の後を引き継ぐようにキビレ釣りに夢中になっている佐古啓樹と共に干潟に立ってくれた。

　朝から釣って潮が満ち、もう終了という間際まで二人に幸運は訪れなかった。夕暮れが近づいてきた頃、岡野がダメ元でもう一カ所だけやるというから、期待しないでカメラを向けていたある瞬間、岡野が叫んだ。素晴らしい魚体のキビレだった。初めて見るキビレは、まるで神様が製作したロボットのようなギミック溢《あふ》れる精悍《せいかん》な魚だった。岡野はまるで長く会っていなかった旧友と再会したかのように、恥ずかしそうにキビレを見つめた。あきらめない岡野の姿勢こそが、今日ある東京湾のキビレのフライフィッシング人気を作りだした原動力であることを思い知った瞬間だった。

　それから半年後、岡野にオフシーズンの釣りイベント会場で会ったとき、次の目標を聞いて驚いた。日本のボーンフィッシュを釣りたいというのだ。他の釣り人の口からこの言葉を聞いたなら、単なる夢だと笑っただろう。しかしながら岡野が言うからには、そこになにかの確証があるはずだった。日本の海にボーンフィッシュが生息していることは、昔から知られている事実ではある。しかし生息しているのと、釣りの対象になるのは別なことだ。ときおり漁師の網に入ってくるといった情報だけではボーンフィッシュが釣れるということにはならないし、しかもフライフィッシングで釣るとなれば、浅場にいてくれないと釣りにならない。

　岡野は東京湾でキビレを狙うときには、当初からフローティングライン縛りでチャレンジしていた。フローティングラインに限定した理由は、そこにこそフライフィッシングの優位点があるからだ。シンキングラインで釣るとなると、ルアーとおなじ土俵に立つことになり、フライフィッシングで狙う意義はあまりないという判断だった。今回のボーンフィッシュもシャローな砂浜で釣りたい、できればテーリングしている魚を見釣りで、フライフィッシングらしくというのが岡野の目論見だった。

　日本のボーンフィッシュをこの目で見てみたい。私は単純にそう思った。というのは三十五年ちかく前に沖縄で暮らしていたとき、ボーンフィッシュにかぎりなく近づいたと思われる瞬間があって、そのとき以来、日本のボーンフィッシュは私にとって特別な存在になっていたからだ。

　今は火力発電所ができてしまった、うるま市の天願川河口脇に広がる砂浜で、小物を狙ってロッドを振っていたとき、ふいに三角形の編隊状の魚の群れが現れ、群れの前方にフライをキャストしリトリーブすると、群れ全体がフライを追うような動きを見せた。私が小刻みにラインをストリップすると、群れは10m近くまでやって来て、その細長い魚影と水面上に出た鋭角な尾びれを見て、私はまさかと思いながらも「ボーンフィッシュだ！」と思った。

それまで沖縄で釣りをしていて、こういった魚の群れを見たことはなかったし、ビデオで見る憧れのクリスマス島の雰囲気に酷似していた。結局、フライを追いはしたけれども食いつくところまではいかなかった。当時から沖縄にボーンフィッシュがいることはわかっていたから、この経験をきっかけに私は営業車のなかに釣り道具をいれ、東海岸へ出かけたときには、きっと天願川の河口近くの砂浜でロッドを振った。しかし、あのとき以降、その砂浜にボーンフィッシュらしき群れが姿を現すことはなく、やがて火力発電所の建造が始まって砂浜は立ち入り禁止となってしまった。こうして私は、初めてフライで日本のボーンフィッシュを釣った男になりそこねたのである。

岡野が日本のボーンフィッシュを釣りたいと言ったとき、私がこの体験を語ると、

「それはボーンだったかもしれませんねえ。でも、釣ってみて証明しないことにはなにも始まりません。今年は真剣に狙います」

と答え、岡野の本気が知れた。

3　断崖絶壁

それから数カ月が経った春、釣り専門旅行会社「トラウトアンドキング（通称トラキン）」の代表である夷谷《えびすだに》元宏がフライで日本のボーンフィッシュを釣り上げたという報告が、トラキンのホームページ上で告知された。こういった情報を知ったとき、大半の釣り人の頭には、「どうやって？」よりも先に、「どこで？」という疑問が湧きあがるものだ。私も例外ではなかった。沖縄だろうか？　写真から見るかぎり、沖縄方面の南島であることはまちがいなかったが、それ以上のことは不明だった。岡野に聞くと、

知っているけど、今は言えない、という当たり前の回答が返ってきた。そのときまで知らなかったが、どうやら岡野と夷谷の間には親しい交流の歴史があるらしく、場所こそ口にはしなかったが、どういう状況でどうやって釣ったかということを詳しく聞いているらしかった。夷谷は得意のラインを深場に沈ませて釣るディープシンキング・システムでボーンフィッシュを釣っていて、夷谷から状況の説明を受けた岡野は、浅場でも狙えるチャンスがあると考えたらしい。

岡野が夷谷と連れ立って南に飛んだのは２０２３年7月下旬のことで、折悪しく五日の旅程のうち後半半分は、接近してきた台風の影響をまともに受けて釣りをすることができず、予定していたフライトをキャンセルして、泣く泣く一日前倒しで帰京した。年内にリベンジするつもりだという岡野に、私が同行取材を申し出たのはその直後のことで、快諾してくれたが、そのときも島の名前は伏せられたままだった。

岡野からスケジュールの詳細が届いたのは9月の初旬のことで、旅程表には「徳之島」とあった。徳之島だったんだあ、と沖縄ではなかったことを少しだけ残念がった沖縄びいきの私だったが、与論島と沖縄本島の間に勝手に線を引いているのは人間だ。ボーンフィッシュは鹿児島と沖縄の県境を知らずに泳ぎ回っている。

出発は10月2日の早朝、帰京は10月5日の深夜という丸々四日間のプランとなった。四日間という日数が、幻の魚を追うために十分なのか不足なのか見当がつかなかったが、取材側の身勝手な都合からすると四日くらいでなんとかしてほしかった。このあたりのことは、長い間取材する側の立場に立ってきた岡野にはわかりすぎるくらいわかっているだろうから、逆にプレッシャーを感じていたかもしれない。

　出発の朝、羽田空港で待ち合わせた岡野は、一睡もしてないんですと暗い声をだした。飲みすぎですか？　と軽口をたたく私に、このところ胃が痛くて眠れないんです、と返す。岡野はこの夏に釣りビジョン社を退職して独立し、「ＨＩＴ　ＦＩＬＭＳ」を立ちあげたばかりだった。私自身、サラリーマンを卒業して自分で出版社を立ちあげたときに痛感したが、個人事業というのは断崖絶壁に背を向けて立っているようなところがある。風が吹いて桶屋のようにもうかればいいが、風が吹くと押されて崖下に転落する確率の方がはるかに高い。ビジネスそのものの運営というよりも、むしろその落下の恐怖とのメンタル的な戦いに疲弊《ひへい》し、夜、いったん目が覚めると、さまざまな心配事が怒濤《どとう》のように押し寄せてきて眠れなくなるのだ。

　サラリーマンの頃は、やれ上司がバカだとか、部下に恵まれないだの、自分の無能力ぶりを棚にあげてグチをこぼしていたが、そんな不平不満を言えることがどれだけ恵まれた環境だったかが身に染みるのもこの時期である。しかも定年退職後のセカンドライフとして出版社を立ちあげた私とちがい、四十代半ばで独立した岡野にはティーンエイジャーの息子と娘がいる。もし事業が失敗したら、子供の教育費はどうなるのだろうとか、住宅ローンはどうなるのだろうとか、心配のネタは尽きないはずだ。岡野が背にしている断崖絶壁は身がすくむほどの高さにちがいない。

　徳之島に到着して、レンタカーの軽バンを運転している岡野の横顔は、しかし出発のときよりも晴れやかだった。機内で少しは眠ることができたのだろうか、あるいは釣り場に近づいた高揚がこころを軽くしているのか。

「阪東さん、インボイスはどうされましたか？」

と聞いてくるから、やっぱりいろいろと気になっているんだろうなと思い、私は先輩として思い当たることを語った。独立直後、あれだけ恐ろしかった断崖絶壁は時間の経過と共に気にならなくなる。四六時中、断崖絶壁に立っていれば不思議に慣れてくるもので、ただそれだけのことなんだ。事業がうまく回り始めたからホッとするというよりは、私の場合は、むしろうまくいかないことに慣れたというのか。神様に助けられることも少なくなくて、不思議となんとかなっちゃうもんなんだよね……、というようなことを語ると、納得したのかどうか、そんなもんですかねえ、と明るい声でうなずいていた。

4　ボーンフィッシュ天国

　徳之島は奄美群島の南から三つ目の島である。一つ南に沖永良部《おきのえらぶ》島があり、もう一つ南に与論島があり、その与論島の南端からは沖縄本島の北外れにある辺戸岬が見える。薩摩が琉球王国に侵攻して以降、奄美と沖縄の文化は混ざり合ったため、ぱっと見にはちがいがわかりにくい。島のそこかしこにある墓地の墓石を見ても、知名や大城といった沖縄姓も少なくない。ただ島の人と話をしてみるとウチナーグチ（沖縄方言）からはほどとおいから、やっぱりここは鹿児島なんだと思い知る。しかし徳之島の町並みは懐かしかった。昭和のまま、島ごと時代に置き去りにされたような気配がありながら、しかし本土の住宅様式ではなく、昔暮らしていた沖縄のようだったのだ。

　なにもない島である。すがすがしいほどなにもない。島内にコンビニはファミリーマートが二軒だけあるが、どちらも潮風で店舗の看板が白茶けている。他に日用品が買えるのは、なぜか百貨店と名づけられている店を含めて、小さなスーパーマーケットだけ。アメリカから来襲したマクドナルド号とスターバックス号は戦艦大和と一緒に鹿児島の坊ノ岬沖に沈んでいるという噂《うわさ》だ。そんななかで、ガソリンスタンドだけは異様に多い。岡野からそう指摘されて眺めてみると、車で２～３㎞ほど走ればきっとＥＮＥＯＳの看板がある。よっぽど漁船が多いのだろうと思ったが、港は閑散としていて、むしろ船は少なく、あるいは戦艦大和と一緒に沈んじゃったんじゃないかと心配になったほどだ。あと、郵便局がやたらと目立ち、一つの集落に一つあるように見える。地域住民一人当たりの郵便局の数は、まちがいなく日本一レベルにあると思う。一つ一つの集落の独立意識が強く、行政に圧力をかけて郵便局を設置させているようにさえ思え、そう考えたところで選挙にまつわる徳洲会事件を思いだしたが、しかし島を取り巻く海は、そんな騒動とはまるで無縁なように清く美しく透きとおっていた。

「明日は朝から大雨の予報なので、今日のうちにボーンをやれるところまでやって、夕方はさくっとトレバリーを釣って、写真を押さえておきましょう」

　岡野はそう言って目的の港に向かって車を走らせる。取材される側が逆に手慣れた手順で進めてくれるからラクチンきわまりない。これは東京湾の取材のときにも痛感したが、いつもは取材する側にいる岡野なので、魚が釣れた後にこちらの意図をくんで魚の姿勢を整えたり、水に漬したりと、もっとも苦労する魚の撮影に一切のストレスを感じないのである。

「やれるところまで、っていうのは、期待できるポイントがいくつもあるということですか？」

「いえ、当たりをつけているポイントはたくさんあるにはあるんですが、そうではなくて、今日はまずボーンが釣れた実績のある所で、エサを使って釣ってみたいんです。まずは魚がいることを確認してからじゃないと、手間と時間ばかりかかって新規開拓の効率が悪すぎるから」

　岡野はボーンフィッシュ用のエサとして、大量のイソメをＹＥＴＩのクーラーにいれて持ってきた。７月の来島で徳之島の釣具店にイソメが売っていないことを知り、東京の釣具店で仕入れてきたわけである。岡野はフライフィッシングを車にたとえ、便利さや簡便さに背を向けて、手順そのものに喜びが宿るマニュアルシフト車に似ているというが、エサ釣り用のイソメを飛行機で運ぶという手間もその一部なのだろう。岡野が目指したのは、夷谷がボーンフィッシュを釣ったという港の堤防だった。堤防の南側には砂浜が広がり、砂浜の先に岩礁がある。岩礁には大潮で潮が引いたときならば渡れるらしく、夷谷は防波堤で一匹を釣った後、砂浜に移動して目の前に見えていた岩礁に渡り、キャストしたフライを追わせるところまではいったという。

「季節的にはどうなんでしょう？」

「それがわからないから、まずはイソメなんです」

　岡野はまずは実績のある防波堤からイソメを投げて、ボーンフィッシュがいるかどうかを確認した上で、すぐ脇の砂浜に移ってフライでチャレンジするという戦略を立てていた。

　目的の港に到着し、防波堤まで砂浜を歩いた。弁当と飲み物とイソメが詰め込まれたＹＥＴＩのクーラーボックスを二人で運ぶが、異様に重い。砂浜から一直線に沖に向かって伸びている防砂堤の先に北側から延びているＬ字型の防波堤の先端があって、船舶が二つの堤防の間から出入りするというシンプルな港の構造をしている。沖に向かって防砂堤の左側が港、右側には外海とつながっている砂浜がある。

トレバリーなど大型の魚食性の魚にとっては、港という人工構造物は獲物を追い込みやすい格好の餌場になる。L字型の防波堤とI字型の防砂堤に囲まれた港の浜は、ありがちなコンクリートで固められた船揚場にはなっておらず、砂浜のまま残されている。つまりそれだけ船舶の数が少ないということだろう。じっさい、港の奥側に陸上げされた漁船は三隻、防波堤の内側に係留されている船は一隻だけだった。

今回はボーンフィッシュがターゲットなので、港側ではなく沖に向かって右側（南側）の外海側がメインの釣り場となる。外海側の砂浜からは、30ｍほど沖に波に洗われている岩礁が見える。春に夷谷がボーンフィッシュにフライを追わせたのはこの岩礁だが、今は海が荒れていて、かつ潮のタイミングも悪いようで、岩礁に渡って釣りをすることは不可能だ。

「ともかく今日のところは、この堤防からイソメを投げ込んで釣ってみます。ボーンの顔を見ることができれば成功です。置き竿をして、弁当でも食べながら、のんびり当たりを待ちましょう」

岡野がそう言って投げ釣りの準備をし始めたので、私はクーラーボックスから途中のスーパーで買った弁当と飲み物を取り出した。気を利かせたのではなく、イソメから一刻も早く弁当を引き離したかったのだ。岡野は冷蔵していたイソメを、持参した直径20㎝ほどの餌箱に移した。餌箱は円形の木箱で、いかにも昔ながらの餌釣りらしい雰囲気が漂っている。

岡野は天秤《てんびん》仕掛けの二つのハリ先にイソメをつけ、おもむろにキャストした。強い横風を受けながらも、振りかぶったただの一投で、勢いよくオモリが飛んでいく。フォルスキャストなし、バックキャストなしで、30ｍを楽々と越えていく。許せないと思った。こんな安楽な釣り方をしていると人間がダメになっていくと思う。人生は山あり谷あり、フォルスキャストのように、一歩進んでは、また一歩下がることになっているのだ。そうはいっても、しかし、なんと気持ち良く飛んでいくことか。晴れ晴れするというのか、鬱屈《うっくつ》とした気分がせいせいするというのか……。

お腹が空いていた。鹿児島行きの早朝便に乗るために、始発のリムジンバスに乗る必要があり、朝はパンを一かじりした程度だったのだ。胃が痛いと言っていた岡野も朝を抜いてきたのだろう、

「少し早いですが、やることもないので昼メシにしましょう」

と言って、ＹＥＴＩの脇に腰を下ろした。私が弁当箱にかけられた輪ゴムを外そうとしながら、

「ボーン、一匹でいいから釣れるといいなあ」

と言ったそのときだった。

「あれっ……」

と息を飲んだ岡野の視線の先には竿先があり、くっ、くっ、と小刻みにティップが震えている。

「当たってる、当たってる」

岡野はつかんでいた弁当を脇に置き、慌ててロッドを握り直して立ち上がり、

「まさか、一投目からボーンなんてことないとは思うけど」

と言った。

「なんですかね？」

「うーん、ミーバイ系の引きじゃないなあ。トレバリーでもないし。なんだか経験のない種類の引きですね」

「まさかあー」

「おー、おー、走る、走る！」

猛烈な勢いでリールのスプールから吐きだされていくＰＥラインを見ながら、私は再び、まさかと思った。なにしろ正真正銘の徳之島第一投目だ。岡野はリールを巻き、魚が根負けしてこちらを向いた。堤防から身を乗りだして魚を見た。魚が苦しげに体をよじると銀色の体色がきらめいた、まさか……。細長い魚体をしている、まさか……。近くまで寄ってくると、今度は堤防と平行に砂浜側へと逸走を試みた。

「おー、ボーンだー！」

岡野が叫んだときには、私も叫んでいた。

「ボーンフィッシュ、まちがいない！」

そのとき、ふとラインが緩んで、竿先から緊張が消えた。

「あー、バレたー！」

岡野の叫びが強風のなかに消えた。

「やっちゃったー、くやしいー」

岡野の声には、魚を逃した悔しさがにじんではいたが、同時にバラした釣り人には似つかわしくない奇妙な明るさに満ちてもいて、私は今回のエサ釣りが魚を確保する目的ではなく、ボーンフィッシュの存在を確認するためのものであったことを思いだした。

「ほんとうにいましたねえー」

私がそう言うと、岡野は、

「いた、いた、ほんとうにいました。いやあ、ビックリです。一投目ですよ」

「いましたね」

「いましたねえー」

私たちは、おなじ言葉を繰り返して、お互いに満足したふりをした。私はできれば手元で写真を撮りたかったし、岡野は魚体をその手で触れてみたかったはずだ。まあいい、きっとまたチャンスはある。

　岡野はすぐに黙ると手早くエサ箱からイソメを取り出して、空になったハリにかけた。オモリは再び美しい放物線を描いて遠くへと飛んでいった。

「投げ釣りはいいですねえ、誰でも簡単に遠くに投げられて」

　私がそう言うと、岡野は、

「それはフライと比べるからで、サーフキャスティングにはサーフキャスティングの難しさがあるんですよ」

と言う。仕事柄、全方位から釣り世界を眺めてきた岡野が言うのだから、そうなのだろう。となりの芝生はいつでも青いものだ。30ｍ飛べば十分だと思っているのは、私がフライフィッシャーだからなのだろう。

「あれっ、まただ、当たってる、当たってる！」

　腰を下ろそうとしていた岡野が合わせをいれると竿先が曲がり、またまたラインがするするとでていく。しばしの間魚に走らせ、魚が疲れたところで一気にリールを回してこちらに寄せる。今度はうまく堤防の上に抜き上げることができた。最初の魚より少しばかり小ぶりだが、そんなぜいたくを言っている場合ではない。

「やったー、初ボーン！」

「おめでとうございます！」

　岡野は沈痛な表情をした出発時とは同一人物とは思えない、単なる釣り好きのおっさんになって大笑いしていた。

「いやあ、うれしいです。エサでも、ルアーでも、フライでも関係ないっすね、ボーンはボーンです」

　目的の魚を釣り上げた喜びが、岡野の荒れた胃壁を修復している様子が透けて見えるようだった。それにしても日本のボーンフィッシュの美しいことといったら！　体が銀色のうろこに覆われているのはカリブやフロリダのボーンフィッシュとおなじだが、胸びれと尻びれのつけ根が明るいイエローに染まっている。真っ黄色とはちょっとちがう、チャートリュースぎみのイエロー。チャートリュースイエローとでも呼びたいその色は、一切の濁りがなく、ありえないほどの透明感で、私にため息をつかせた。

「いったいどうなってるんですか、この美しさは。フロリダでもベリーズでも、こんなボーンフィッシュは見ませんでした」

　私がそう言うと、岡野は「うん、うん」と我が娘の美しさを褒められたように、満面の笑みで魚を見つめた。

「下から見たときの下顎《あご》の形もちがうらしいんです。海外のは丸いんですが、日本のはとがってるんですよね」

　やはりちがうのだ。ボーンフィッシュの和名は「ソトイワシ」。ソトイワシ目ソトイワシ亜科ソトイワシ属には十一種の魚がいることになっている。そのなかには、ソトイワシ、マルクチソトイワシ、キスジソトイワシがいて、どうやら日本のボーンフィッシュはそのマルクチソトイワシとキスジソトイワシらしいが、サンプルが少なすぎて一種類なのか、二種類なのか、数種類いるのか、あるいは新種もありうるのか、そのあたりがはっきりとはわかっていない。キスジソトイワシというくらいだから、体のどこかに黄色い筋が入っているのだろうが、なにしろこの種が日本魚類学会のリストに追加されたのは昨年（２０２２年）秋のことである。日本のボーンフィッシュは、種の同定も釣り方も釣り場も現在進行形なのである。

　岡野の三投目も腰を落とす間もなく当たりがあって、立てつづけに釣り上げる岡野の笑いが止まらない。

「ここって、もしかしてボーンフィッシュ天国？」

と笑う岡野に、私は

「いや、早く弁当食べたいのに撮影しなくちゃならないから、ぼくにとってはボーン地獄です」

と答えたが、久しぶりに入れ食いと呼べる状態に遭遇した私も興奮していた。

「三投で二匹キャッチの一匹バラしですよ」

そう言いながら、いそいそとイソメをハリにつけている岡野を見ながら、私は腰を下ろして弁当を手にした。お腹が空いた。しばらくの間、釣れないでほしい。私の願いが通じたのかどうか、岡野が竿を股間に挟んで腰を下ろしてあぐらをかくと、魚信がとおのいた。ともかく食べ終わるまでは、おとなしくしておいてほしかった。

弁当をかき込むように食べ終えた岡野は、

「次は、もっとビーチに寄ります」

と言って立ち上がり、イソメをつけ替えると、先ほど釣れたポイントよりも砂浜寄りに投げた。一般的な釣り人であれば、ここは沖目に投げたくなる場面だ。深場には大きな魚がいるという原始的な先入観が捨てられないし、遠くの方が釣り人にスレていないという事実もあって、だだっ広い釣り場に立った釣り人は遠投しがちだ。しかしこのときの岡野には、次に控えた明確な目的があった。そしてまた一匹釣れた。

「今度はビーチからの射程距離内に投げます。ここで釣れれば、フライで釣れる可能性がぐんと高まります」

岡野が投げたオモリはビーチの波打ち際から30m、真正面の岩礁からは20m弱。シングルハンドでも楽にフライが届く距離だ。そして、そこでもやっぱり一匹釣れて、それがそれまでの最大サ

イズだった。岡野はしてやったりという表情で、

「これは絶対に釣れます。水深は膝《ひざ》下程度だし、風が収まって、うねりがなくなったら、砂浜からウェーディングして、十分勝負できます」

と言った。ただ問題は、台風の影響で明日まで海が荒れた状態がつづくという予報がでていることだった。

それから当たりがとおのいた。魚がスレてしまったのか、あるいは群れで行動することが多いボーンフィッシュだから、周期的な回遊の機会を待たないとならないのか、あるいは海の魚にありがちな時合いなのか、そのあたりが判然としない。いずれにしてもバタバタと釣れていた入れ食い状態が唐突に終わってしまい、私たちはやや途方に暮れた。岡野はそれまで背を向けていた港側に向かって数投したが、おなじく無反応だった。

5　カスミアジの戦慄

それでも計画は順調すぎるほど順調と言って良く、私たちは明るい気分で予定どおりトレバリーのポイントに歩いて移動した。

砂浜には北から風が吹きつけている。川であれば釣りにならないほどの強風だが、海では平均レベルの強さの風と言っていいだろう。岡野は砂浜を北に向かって歩いていく。砂浜の北外れまで歩いていって、そこから海にウェーディングし、ラインを風に乗せてキャストしながらポイントを南に移動していくという作戦だ。

「グーグルマップの衛星写真で見るとはっきりわかるんですが、ここは沖と砂浜をつなぐ通路になっているんです。だから小魚が出たり入ったりして、当然それを狙っているトレバリーが回遊し

てくるというわけです」

そう言っているそばから、岡野の全身に緊張がみなぎり、

「来た、来た」

と言いながら、キャストの体制に入るや、一回のフォルスキャストでフライを投げ込み、おなじことを三度繰り返すと、緊張を緩めた。

砂浜を南に向かいながら、ときおりブラインドでキャストするが、基本は魚を見つけてキャストしている。魚が見えるたびに岡野の体に緊張感がみなぎる。だいたい十分に一回程度、大型魚が回遊してくる、らしい。らしいと言わなければならないのは、岡野の脇に立っていながら、私にはその一部始終が一切見えていないからだ。私が魚の到来を知るのは、岡野の体に緊張の気配があって、いきなりキャストを開始するからで、魚の姿が見えたからではない。一見平和に見える世界で、一人見えない敵と戦っているスーパーヒーローを見ているような、とても奇妙な気分だった。

魚釣りの名人には、ほぼまちがいなく備わっている能力があって、それは水中の魚を発見する能力である。魚が見えると魚を釣り上げる確率は格段にアップする。数少ない例外がありながらも、私はこの「目がいい」ことが名人の条件であることを信じている。「ホラホラ、そこにいるよ」と言う釣り人は、「えー、見えないなあ」と言う釣り人よりも釣りがうまいもので、目の良さイコール釣りの能力と言ってしまってもいい。フィッシングガイドは総じて恐ろしく目がいいが、それは魚のつき場と行動パターン、そしてなによりも水中を泳ぐ魚の色や姿形のイメージが脳内にアルゴリズムとして焼きついているからである。

「何色をしてますか？」

私はなんとか魚をこの目で捕捉したくて、岡野にそう聞いた。

「薄く青みがかって見えます」

「青みがかって……」

　私は目の前に広がっている青い海面を見つめた。青のなかで青を探せというのか。魚は保護色を身にまとっているから仕方ないのだろうが、川のトラウトとちがって定位しているわけではないから、勝手がちがいすぎる。あるいは定位せずに、動いているからこそ目につくのかもしれないが、そもそもどのくらいの速度で移動しているかがわからない。だから見えないのだ。

　そう思って目の前の海面を見つめていると、突然、背中側で音がした。驚いて振り向く間もなく、黒い太縄のようなものが海面から飛び出してきて、それは巨大なウミヘビだった。全長1ｍ半、直径7～8㎝ほどの黒い縄が泳いでいく。ウミヘビはハブとは比較にならないほどの猛毒を持っているはずだ。海のなかで固まってしまった私に、岡野は、

「好奇心が強いから人に寄ってはきますが、性格はごくごくおとなしいんです。よほどのことがないと人間にはかみつきませんから、大丈夫ですよ」

　と言って笑い、

「あのウミガメには気がつきましたか？」

　と沖を指差す。

「えっ？」

「さっきからゆっくりと、ぼくらとおなじ方向に泳いでます」

　目をこらすと、なんとなく波間にグレーの塊が浮いているように見えないでもないが、やはり私の目にははっきりとはわからない。

　そうこうしているうちに、またまた岡野から緊張感が伝わってきた。めずらしく、えっ、えっと驚きの声をだしながらロッドを

振ったが、魚はすぐに去ってしまったようだった。

「ボーンだったんじゃないかなあ、うーん、たぶんボーンだったなあ。あの黄色が水中に見えていたし、三匹の群れだったし。いますよ、いますよ、ここにもボーンが」

岡野はいかにも楽しげな声をだして、再び海面に目を戻した。私は、自分が盲目であるように感じた。徳之島の豊穣《ほうじょう》な自然の真っただ中にいながら、私に見えているのは青い海だけなのである。

私は空を見上げて、昔、知覧から飛び立ったゼロ戦が、まさしくこの頭上で繰り広げたグラマンとの空中戦に関する逸話を思いだした。空中戦未経験の飛行兵には敵機の姿が見えなかったそうだ。それどころか、信じられないことには交戦の開始も終了も気がつかないまま、どこからともなく現れた隊長機の合図で帰投し、戻ってきた編隊の仲間たちの機体の銃痕を見て、初めて空中戦がおこなわれたことを知ったというのだ。私は、まさしく自分がその状態にあると思った。

平和すぎる。戦場にいて戦っている岡野を撮影しながら、自分が戦場カメラマンのようにリアルな同時体験ができていないことに、私は焦りを感じた。家のなかから窓の外の景色を撮っているような気分だった。取材者によってそれぞれのスタイルがあるだろうが、私に関して言えば、こういった部外者感覚で取材して良い写真が撮れた試しはないし、気に入った記事が書けた試しもない。

それはあまりに唐突だった。私の真横、約５ｍ先の水面が鈍い音を立てて炸裂《さくれつ》し、太ももの深さに立ち込んでいた私は、とっさに後ずさりした。恐ろしかった。襲われるかもしれないというストレートな恐怖に私の体は硬直した。機雷だったら即死していたはずだが、爆発の正体は巨大魚だった。荒々しく水面をかき乱しながら獲物を追っている。デカい！　私がそう思ったのは追いかけている方の魚ではなく、逃げている魚を見たときだ。体長40㎝くらいの細長い魚が反転し、必死で逃げている。死にたくない生物の必死さがダイレクトに伝わってくる。荒々しく襲いかかる巨大魚の凶暴さと残忍さはただごとではなく、自身が生き延びるために他の生物を殺すことに一分《いちぶ》の疑問もない弱肉強食のありのままの姿がそこにあった。

　逃げ惑う魚は私という別な生物の存在を確認して、あえて近くまで寄ってきたのだろうか。助けを求めてというよりは、むしろ巨大魚の興味を自分ではなく、私に向けさせるために。

　そして巨大魚は私の存在に気づいた途端に、急反転して沖へと逸走した。青緑色の体色は私の目にはカスミアジのように見えたが、遠ざかっていく魚の体長はシイラなんじゃないかと思うほど長かった（カスミアジではなくロウニンアジだった可能性もある）。感覚的には1ｍくらいだったが、じっさいの体長はおそらく70～80㎝くらいだったと思う。わずか十秒足らずの濃密な生物ドラマだった。私はエンドロールを見るように、去っていく魚のうしろ姿を追った。しかしその巨大魚は沖へそのまま去ることはなく、近くの海中をうろうろしていた。

　サイズが大きいからか、あるいは私の脳が色と形状を記憶したからか、今ははっきりと私の目にも水中の魚が見えている。するとそこに沖側に立ち込んでいた岡野のフライラインが伸びていった。ボイルしている魚を狙うのは釣り人として当然のことだが、私の目にそのときの岡野の姿は、通りがかりのヤクザにケンカを売る不良中学生のように見えた。

　岡野が数投すると、魚の影が消えた。

「ぼくを襲ってきたと思いましたよ」

私がそう言うと、岡野は、

「いや、怖かったー」

と言った。キャストしたとはいえ、じつは岡野の腰も引けていたのだ。

「追われていた魚はなんだったんでしょうか？」

そう聞くと、

「ボラでしょうね」

と答える。

「まさかボーンとか？」

「うーん、逃げ足が速かったから、可能性はありますね。で、撮れましたか？」

「えっ？」

私は自分が撮影者であることを忘れていた。こういったドラマを撮らないで、いったいなにを撮るというのだ。プロの岡野が撮影者であれば、絵に描いたようなこんなチャンスを逃すはずはなかった。自分の無能力さ加減にあきれた私が、なぜか録画中の赤いＬＥＤが光っている。まさかと思いながら、録画終了ボタンを押して再生してみた。小さな画面に、いきなり爆発する海面が映しだされた。信じられないことに、私はとっさにＧｏＰｒｏの撮影ボタンを押していたらしい
アドレナリンの洪水のなかに記憶が完全に飛んでしまっていたが、私は無意識にやるべき仕事をしていた。そのときようやく、自分が徳之島の砂浜で太ももまで海水に漬かっているという実感が湧いてきた。島の魚が、鳥が、人が、そして岡野がぐんと私に近づいてきた。

6　タコフェラーリ

その晩、宿泊先で大阪からやって来た久保浩一と野中一成、そしてはるばる岩手からやって来たカムパネラの石川寛樹と合流した。石川とはカムパネラが設立された二十五年以上前からのつき合いだが、久保と野中と会うのは初めてだった。宿の食堂であいさつを交わすなり、久保は自分が着ているシャツの肩口をつまみ上げて、

「ホラ、これいいでしょ」

と言った。久保が着ていたのは、真っ黄色のポロシャツだが、左肩のつけ根にフェラーリのエンブレムのプリントがある。私は車にはほとんど興味がないが、初対面でもあるし、無難に、

「おー、いいですねえ。フェラーリがお好きなんですね」

と答えた。フライフィッシングの世界にはモノにこだわる人が少なくなくて、私の知人にもフェラーリに乗っている人物がいる。久保もよほどの車好きなのだろうと思った。ちなみに久保は海のルアー界では知らない人はいないジギング名人だ。

「いや、タコが好きなんです」

私は生まれは福岡だが、中学以来東京に暮らしているから、ほぼ東京人といっていい。関西人の友人も多いが、いまだに大阪人のノリにはついていけない。

昔、沖縄に住んでいた頃、観光に来た大阪の家族と食事をする機会があったが、いたって真面目そうなご主人が「おもろい」ことを言おうと必死で、その姿は痛々しいほどだった。大阪人って大変だと思った。

しかし目の前の久保は、大阪気質と自分の性格がマッチしているらしい。こうなると、東京人としては相手のペースに合わせる

しかない。車の話をしているのに、なぜタコがでてくるのか。おそらくはジョークなのだろうが、飛躍しすぎてまるっきり理解不能だ。初対面早々、久保のペースにはまってしまって身動きが取れなかった。

「ほら、ここ、ここ。ちゃんと見な、あかんがな」

　久保はエンブレムの下半分に自分の指先を当てた。フェラーリの馬の脚がタコの足になっていた。私は目をしばたいて、自分が幻覚を見ていないことを確認した。ジョークというのはここまで徹底しなくてはならないものなのか。ショックを受けた私は自分の洗練されたジョークが大阪人に通用しない理由がわかったような気がした。今晩は早めに酔っ払う必要がありそうだ。これ以上大阪人のペースに巻き込まれてはならない。私は、

「皆さん、ビールでいいですよね？」

　と言って、フロアの女性を呼び、生ビールを五つ注文した。

　万が一、東京人の私がタコフェラーリの自慢をするなら、最後に「こんなんして、アホちゃうか、オレ」くらいの言い訳をして、自分がほんとうはアホではないことを示唆したいところだが、久保は「いいやろ、いいやろ」と最後まで押し通すから潔い。おそらくこのあたりに、大阪人が東京人をカッコつけと言う根っこがあるのではないのか。そんな様子をうれしそうな表情で見ている野中に向かって、

「久保さん、面白い人ですね」

　と言うと

「別に、フツーやん」

　と返された。大阪人が二人いれば、ボケとツッコミの役どころがあるはずだが、翌日以降丸々三日間を一緒にすごすことになるこの二人の役割分担が気になった。

7　迷惑なコイヌ

翌朝は嵐だった。前日の夜半すぎから風雨が強まり、部屋のなかが青白く光ったかと思うと猛烈な音で雷が鳴った。夜が明けても暴風雨はつづいた。屋根から落ちてくる雨が、壊れた樋《とい》の裂け目から、小さな瀑布となって地面にたたきつけられている。朝食に集まった私たち五人は所在なげに窓の外を眺めたり、携帯電話のディスプレーを見つめていた。

外を眺めていた石川が、

「もったいないなあ、この雨、岩手に土産に持って帰れればいいのに」

と言った。今年の夏は昨今の異常気象慣れした日本人でも、異常と言いたいくらい暑く雨が降らなかった。外の大雨の勢いに負けたように皆うなずきはしたが、石川の言葉へのフォローはなかった。

「コイヌなのに、なんでこんなに強いのかねえ」

石川をフォローした私のジョークは東京人としては最高レベルだったはずが、なぜか誰も笑わなかった。大阪人にとってはジョーク以前だったのだろうか。

「なんですか、子犬って？」

と私のフォローを受けていた石川が、成り行き上やむをえず、今度は私をバックアップしてくれる。

「この台風十四号のニックネームはコイヌなんだよ」

「はあ、そうなんですかあ。面白いですね」

と答えた石川は、さすが湘南ボーイを輩出する神奈川出身だけに洗練されたジョークのセンスをしているが、大阪の二人はピクりとも反応しない。

　スマホの画面をにらんでいた岡野が、やにわに口を開いた。

「雨は昼にはあがる予報です」

　予報は私も自室で確認済みだった。フィリピンのルソン島北東沖を北上している台風十四号の勢力は「大型で非常に強い」で、先島の南を北西に進み、台湾を直撃するコースを取る予報だった。徳之島はコースから完全に外れてはるかに遠いが、台風は東側の雲が発達しがちだからその影響を受けているのだ。秋なので台風の動きが速く、正午前後に雨はやむ。ただ低気圧は去り際に強風を残していくから、いずれにしても今日は一日釣りにならないだろう。幸いなことに翌日は台風一過で予報は一日中晴れ、最終日は再び雨。勝負は明日だ。

「今日は島を一周して、ポイントの確認をしましょう」

　岡野がそう言い、皆黙ってうなずいた。

　大雨が吹きつけるなかを、南に向かって時計回りに周回する。沖縄の地形に慣れ親しんだ私の目に、徳之島は異様に川が多い島に映った。沖縄本島は渇水対策として数少ない北部の川の上流にダムを建造しつづけ、ついでに下流域を溝にしてしまったが、それも１㎜でも多く水を確保したいからだ。

　そんな沖縄本島と比較すると、徳之島には自然のままの川が多く流れていて、石川が「岩手の川みたいですね」と言うような渓流さえあった。徳之島の最高峰である井之川岳は６５０ｍを超えているし、天城山など５００ｍ前後の山がいくつかある。海より川で釣りたい私としては、徳之島の渓流は非常に気になった。海があれだけ豊穣なのは山が荒れていないからだ。徳之島の川には一生のうちに一度でいいからフライを見てみたいと思っているオオクチユゴイやナンヨウクロダイが勢ぞろいして、口を開けて待っているのではないのか。しかし、問題は川へのアプローチだ。川の周囲に生い茂る猛烈なボサには無数のハブが潜んでいて、本土からの来客を舌なめずりして待っているらしい。

大阪組と二手に分かれてポイントの調査をするはずが、ポイントの確認だけで終わることができないのが釣り人のサガである。雨があがった昼以降、確認するポイントごとに竿を出すものだからなかなか先に進めない。夕方になって風は弱まりはしたが、川が多いだけに、ほとんどすべてのポイントに濁りが入っていて、釣りには厳しすぎた。

こうして日程の半分が消化されたが、魚の写真はイソメで釣ったボーンフィッシュだけだった。

「明日は晴れそうだから、朝一から外道狙いでいきましょう。クロダイかトレバリーが釣れるはずです」

この厳しい状況で、取材する側の身になってプランを立ててくれている岡野の自信が頼もしかった。

8　オニヒラアジの一撃

青空っていいものだ。

朝が爽やかなのは、空が青いからだ。

なにか良いことが起こる予感がするのは、太陽が輝いているからだ。

徳之島には智恵子に見せたいくらいの、ほんとうの空があった。

三日目の朝、空港周辺のポイントを目指した大阪組と分かれて、私たちはトレバリーポイントに向かった。

砂浜脇の岩礁脇にクロダイの姿があった。岩礁が形成する小さなワンドのなかで、四、五匹が群れている。私の目にもはっきり見えているくらいの大きさだから、まちがいなく良型だ。岡野がキャストする。二回、三回とキャストが繰り返されていくが、フライに興味を示した魚はいない。やがてクロダイの群れはどこかに移動してしまった。岡野が言うには、食い気のないときのクロダイをフライで釣り上げるのは至難らしい。なんとしてでも魚の写真がほしい私たちは、潮が引いて魚の気分が変わるまで、そこで待つことにした。

　潮が引いて水位が下がってくると、小魚ミジュンの群れが見え始めた。ミジュンを捕食するのはトレバリーで、クロダイが食べることはない。ミジュンに誘われてやって来るトレバリーを避けようとしてかどうか、潮が完全に引いてもクロダイがワンドに戻ってくることはなかった。クロダイをあきらめた私たちが岸壁沿いを南に歩いていくと、砂浜の先端に別な岩礁地帯が海に突きでていて、その先で潮が南から北へ川のように流れていた。見るからに大型魚が回遊してきそうなポイントだ。岡野が先に岩礁に登って、首から上だけを出して海面を見つめた。岡野の背中が硬直したと思うと、すぐに頭を引っ込め、振り向きざま、

「います、どでかいのが。初日のカスミアジとおなじくらいのオニヒラ（アジ）が、こっちを向いて定位している」

　私もその巨大なオニヒラを見てみたかったが、余分な頭を出して魚を警戒させるわけにはいかない。岡野は塹壕《ざんごう》の壁にもたれて手榴弾《しゅりゅうだん》の準備をする兵士のように、岩礁の陰を背にしてフライボックスをのぞき込み、特大のフライを選んでティペットに結びつけた。普段だったら、こんなフライを食う魚なんているのかと思いたくなるほどバカでかいデシーバーだったが、初日にカスミアジに追われていた40オーバーの魚を思うと、小さすぎるかもしれなかった。

一投目だった。「パキン！」いう異音がして、直後に岡野が絶叫した。

岩礁に隠れるようにしていた私からは一切が見えなかった。

「あー！」

「折られたー、クッソー！」

始まった途端に、勝負が決してしまったらしかった。剣豪同士の対決のようだ。私には感情移入するシーンも暇も与えられなかった。フライをくわえた魚が岡野の存在に気づいて反転した瞬間にロッドが折れたらしい。

「ティップにラインが絡んでいたのかもしれません。いずれにしても、一切なんにもできませんでした」

岡野は喘《あえ》ぐように、目をつぶって空を仰いだ。

「クッソー！」

よほど悔しかったのだろう、放心した顔をして、しばらく海面を見つめていた岡野だったが、ふいに、

「昼メシにしましょう」

と言った。

ゴリラバーガーで大阪組と合流した。ゴリラバーガーは本土から移住してきた若夫婦がやっている徳之島随一の本格的なバーガー店である。マクドナルドがない代わりに、徳之島にはほんとうの肉がある。なぜゴリラなのかは、若奥さんがかわいらしいから、うっかり聞くのを忘れた。

午後から風が強くなってきたため、私たちは作戦を変えて、ボーンフィッシュポイントの北側に見えている風裏の砂浜に向かった。砂浜への入り口にはカフェのサインがあって、そのまま下りていくとカフェらしき建物があり、そこが行き止まりになっていた。たまたま外で作業をしていたオーナーに駐車の許しを得ると、

快く了承してくれた。言葉や態度から、明らかに本土からの移住者であることがわかる。そもそも島の人たちが海沿いに家を建てるはずはない。海沿いに家を建てると、例外なく台風で塩にやられるからだ。本土に接近する頃の台風とちがって、夏に南島に来襲する台風の速度は遅い。丸々二、三日暴風圏に入ったまま停滞することもある。そうなると海沿いでなくても、島全体が塩害を受ける。海沿いに家を建てるのは本土からやって来る、もの好きなロマン派の人々だけなのである。

　オーナーの笑顔に気を良くした私たちは、幸運が近づいていることを祈って浜へ下りた。浜の左手には初日にボーンフィッシュを釣った港が見えている。この砂浜に回遊していてもおかしくはないが、とりあえずは魚の写真がほしい。ボーンフィッシュでなくてもいい。今回の取材を文章にまとめる際には、イソメでボーンフィッシュが釣れた、いよいよ来年はフライで本格的に狙うぞ、という構成で問題ない。ただしフライで釣れた魚がないのは紙面がさびしすぎる。そのあたりの私の気持ちを岡野はわかりすぎるくらいわかっている。砂浜からウェーディングしていく岡野のうしろ姿に若干の焦りがあった。

　沖の方角を見つめていると、なにかが首をもたげている。またウミヘビかと思ったら、ウミガメだった。一匹だけではなく、数匹いる。私は膝まで海水に漬かって青空を見上げた。なんだかとっても平和だ、と思っていたところに、岡野の大声が響いた。

「来ましたー！」

　私は砂浜を駆けて、岡野に近づいた。

「ボーンじゃないな。たぶんトレバリーですが、あんまり大きくないかな。ギリギリで画《え》になるサイズといったところですね。ここは慎重にいきます」

岡野はこの一匹の価値を知っている。大きくないという割に魚は強かった。しばしのファイトの後に寄ってきたのは、30㎝ほどのオニヒラアジだった。釣り上げた魚の写真を撮った私は、これでいい、と思った。さすがに岡野もホッとしたようで、もうちょっと大きいヤツがいいですね、と言いながらも、まんざらでもない顔をしている。

その後、大きなオニヒラアジが釣れたのは、巨大なカスミアジを目撃した砂浜に移って数時間が経った午後遅くのことだった。ロッドの曲がり方が前の魚のときとはまるでちがっている。慌てて岡野の脇に寄る。

「強いし、走りの速度がちがいます」

「なんだろう？」

私の問いに、

「ボーンかな？」

とうれしそうな笑いがこぼれる。

「うーん、でも首振ってるなあ」

イソメでボーンフィッシュが釣れたときの当たりは、コツコツという断続的な食い方だったそうで、かかってから首を振るような動きはなかったらしい。

「やっぱりトレバリーかなあ」

と岡野が言うそばから、ラインが一気に引き出されていく。強い。脇に立って見ているだけで興奮するほどの迫力だ。再び魚が岡野のロッドを強く曲げる。岡野は、たまらずによろけるように前に歩を進めて、ロッドを突き出してブレイクを防ぐ。リールが逆回転し、勢いよくラインが吐き出されていく。

「たまらないなあー」

満足げな岡野の声が響く。素晴らしい魚とのファイトだ。数度の走りの後、さすがに疲れたのか魚が寄ってきた。

「ハンドランディングしますが、やったことのない人は真似しないでください、って書いておいてくださいね。尾のつけ根のギザギザでバッサリ手を切られますから」

　取材後の私の文章にまで気を回す余裕のある岡野だった。ロッドをぐるりと回して、魚を体の前に持ってくるや、一気に左手で尾のつけ根をつかんで水中から引き上げた。一瞬芸を見るような、鮮やかな手さばきだった。

「デカい！　やったー！」

　そう叫んだ私を見て、ようやく肩の荷が下りたのだろう、岡野は破顔した。

「良い型ですね。50ちょいかな」

　岡野がメジャーを出して、魚に当てると55㎝だった。私はその魚の野性的な姿形に見ほれて何枚も写真を撮った。魚をリリースして、岡野とハイタッチをする。正直なところ私もほっとした。一つ前の魚で押さえの写真は撮っていたが、できれば南島らしい大きなトレバリーの写真がほしかったのだ。これで、ほとんど今回の取材の目的を果たした。岡野に、

「じつは、ボーンフィッシュが釣れたときのお祝いに、スパークリングワインを持ってきているんです。今晩は祝杯をあげましょう」

「おー、いいですねえ。まあボーンが釣れたといえば、確かに釣れましたし。乾杯しましょう。ようやくおいしい酒が飲めるなあ」

　岡野はそう言って、沖を見ると、

「やっぱりここの海は豊かですねえ」

　と言った。海が荒れていてコンディションはかなり悪いが、それでも魚の気配は濃厚だ。

ようやく写真映えする魚が釣れた私たちは、意気揚々と港のボーンフィッシュポイントへと足を向けた。

「あとはボーンだけですね」

岡野はいかにも一仕事を終えたというようなリラックスした表情でそう言った。

「そうですねえ」

と答えた私だったが、正直なところ、これで取材はほぼ終了したと思っていた。岡野も、釣れればラッキー程度の気持ちなのだろうと思った。ところが、

「最終日の明日は、朝からボーンだけに集中します」

と言うのだった。私は東京湾でのキビレのことを思いだし、やはりこの人の真骨頂は初志貫徹にあるのだと思い知った。

9　メンタルコントロールの必要

三日目の夜、スパークリングワインで取材の成功を祝っていた私たちだったが、一人浮かない顔をしていたのが石川だった。その日の夕暮れ、石川は港の内側でボイルを見つけ、粘ったあげくに大きな魚をかけた。しかし魚は20ｌｂティペットをあっさりと引きちぎって逃げていったという。20ｌｂティペットは切ろうと思っても切れるものではないから、結び目が弱っていたのかもしれないし、擦れて劣化していた箇所があったのかもしれない。

「惜しかったなあ」

と石川はさかんにくやしがった。しかし私は、それはちがうと思った。惜しくはないのだ。初日に私を脅かしたカスミアジ、岡野のロッドを折ったオニヒラアジ、そして石川がバラした得体の知れない巨魚が、そもそもフライフィッシャーの対戦相手である

とは思えなかったのだ。だから私は先輩として正直に、

「石川さん、ムリムリ、ぜんぜん惜しくなんてなかったから、がっかりすることないよ」

と慰めたのだが、石川はなぜか不服そうな顔で、

「生、おかわり！」

と厨房《ちゅうぼう》に向かって大きな声をだしたのだった。

狙う魚種にもよるが、一般にソルトウォーターフライフィッシングは、淡水のトラウトフィッシングよりもキャッチの確率が低いゲームである。だからといって、ギャンブル性が強いかというと、かならずしもそうとは言えない。確かに天候や潮汐などの外的要因によって、釣果に大きな差がでてしまう当たり外れの大きな釣りであることはまちがいない。しかし釣りそのものに関して言えば、少ないチャンスをどれだけモノにできるかどうかが勝負どころとなる。ギャンブル性はかえって低く、問われるのは釣り人の技術だ。

天候に恵まれないなかを、なんとか結果をだす岡野の釣り人としての腕前は相当なものだ。最大の強みは、自分の釣りだけではなく、取材で経験してきた場数による情報量の多さにあると思う。たくさんの引き出しのなかから、状況に合ったベストのものを引っ張り出してくることができるのだ。そんな技術が、絶対にあきらめないという断固とした意思に支えられているから鬼に金棒である。それでも、フライロッドで戦いを挑む魚のサイズには限界があるというのが、今回の取材での私の正直な感想だった。

島に住んでいればまた話は別だろう。失敗から学んだことを次回に生かし、手を替え品を替えてチャレンジできる。しかしながら、旅人がふとやって来て、ガイドもなしに数日間のうちに巨大魚を釣り上げるのは至難だと思う。少し話が先走ってしまうが、

翌日の最終日、石川がバラしたそのおなじ場所に立ち込んでいた野中が、夕暮れにまたまたおなじように、おなじような魚をバラした。そのときの野中のショックぶりは、見ているこちらに哀れを誘うほどの悲愴《ひそう》さで、砂浜に座り込んだままいつまで経っても立ち上がらなかった。おそらく三十分くらいはしゃがみ込んでいたはずだ。それでもやっぱり私は、ちっとも惜しくなんてなかった、と思った。近寄って、「野中さん、ぜんぜん惜しくなかったから、もう泣かないでください」と慰めようと思ったが、こういったときの大阪人の反応がわからなかったから、念のためにやめておいた。後で、今後のために久保に聞いてみたが、一般的には殴るか、蹴るかされるだろうという。意外に大阪人はジョークがわからないんだと思った。

では、その最終日の午後に話を進めよう。

午前中は不発だったが、午後になれば潮が引き、イソメで釣れた砂浜にウェーディングできるはずだった。前日までの三日間は台風の影響で、引き潮のときも思ったほど海面が下がらず、肝心なポイントへのウェーディングが不可能だったのだ。少しでも長い時間釣っていたいという岡野の強い意思で、その日のゴリラバーガーはテイクアウトにして、堤防で食べることになった。

堤防では石川がボーンフィッシュを釣ってみたいと言うので、残っていたイソメを投げたらあっさりと釣れた。それまで釣れていなかったせいもあるが、ほんとうにうれしそうな顔で写真撮ってください、と言う。やっぱり釣り人って、魚が釣れると単純にうれしいのだ。当たり前だ。だったら、わざわざフライでやる必要なんてないのに、そこにこだわるから悲しい思いをするのである。そもそも岡野にしても、イソメで釣れるのがわかったからフライで釣る、という一見合理的に思える手順そのものがはらんでいる非合理性を無視している。

　そして、フライロッドを手にした非合理性の塊である岡野が、まだまだ潮が引いているとは思えない砂浜を見て、

「阪東さん、行きますよ」

と言った。機材の準備に時間が必要だという言い訳で、いったん車に戻った私を待たず、岡野はさっさと海に入っていった。胸まで海水に漬っている。さすがにこれでは機材が潮にやられてしまう。岡野なら、当然そのあたりはわかっていそうなのに、気持ちが前に行っているせいなのか、まるで気づいていない。私はわざわざぐずぐずと準備を長引かせてから、堤防に立ち、下に見えている岡野に、上からの画を撮ってから下ります、と言うと、黙ってうなずきキャストに戻った。

　岡野はただひたすらロッドを振っていた。ときおり大きな波に洗われて、首のあたりまで水をかぶっている。堤防の上から見ている私の目に、岡野はほとんど修験僧に見えた。前日は晴れ渡った空も、予報どおり雲に覆われ、ときおり雨がぱらつくなかで、光景はモノトーン化し、すべてが沈鬱《ちんうつ》だった。そんな岡野以外は、皆、てんでバラバラに集中した様子もなく、なんとなく惰性でロッドを振っているように見えた。私はすでに堤防の上からの岡野の姿は撮り終わっていたが、いかにも寒々しい海水のなかにウェーディングする気にはなれなかった。そんな、なにもかもが中途半端な時間のなかで、突然、砂浜に岡野の声が響き渡った。

「来たー！」

　その後も、なにかを叫んでいたが、波の音にかき消されて判然としない。岡野のロッドが曲がっている。私は、またきっとトレバリーだろうな、と思った。岡野はなにかを叫びながらファイトしているが、遠くて魚体は見えない。寄ってきた魚をつかんだ岡

野が、がっくりと首をうなだれた。やっぱりちがうのだ。魚をつかんだまま、堤防に寄ってきた岡野は、

「トレバリーですが、釣ったことのない種類です。もしかするとテンジクアジかも。一度釣ってみたかった魚ではあるんですが……」

　と言って、うれしそうな、悲しそうな、なんとも言えない表情を見せる。

「釣り上げてこんなにがっかりしたトレバリーは初めてです」

　そう言いながら、45㎝ほどの魚体を見つめた。テンジクアジという魚は知らなかった。オニヒラアジを白っぽくして、尻びれを黄色く染めたような美しい魚体だ。がっかりするような魚ではないのだが、今の岡野の頭のなかにはボーンのことしかない。

　手早く魚をリリースした岡野は、身を翻すように、すぐに釣っていた場所に戻っていった。決意の表れた岡野のうしろ姿を目にした私は、見えない力に引きずり込まれるように海のなかへと入っていった。

　四日間のなかで、一番寒い日だった。腰まで海水に漬かった私をときおり波がさらおうとする。私はさすがに一眼カメラは無茶だと思い直して防水リュックにしまい、ＧｏＰｒｏを手にした。

　岡野のキャストは延々とつづく。私はおなじような構図にならないように、岡野から離れたり、近づいたり、右側に回ったり、左に回ったりしていたが、空が灰色に塗りつぶされているために、なにを撮ってもさほど代わり映えしない。私はいったん砂浜に引き返し、流れ込んでいる川の様子を見に行った。この時点で、私の取材は気分的には完全終了していた。しばらく流れ込みでうろうろしていると、岡野が砂浜に向かって歩いてきた。時計を見ると三時すぎだ。帰りのフライトは七時だから、帰り支度の時間を

含めてもまだ時間はあるが、さすがの岡野もあきらめたのだろう。しかし、

「休憩しましょう」

と岡野は言って、

「これって意外に大切なんです」

と言葉を足した。

「休憩がですか？」

そう問う私に、岡野は、

「海のフライフィッシングでもっとも重要なことって、なんだかわかりますか？」

「うーん、あきらめないこと？」

と私はその場の空気を読んで、そう答えた。岡野には私がすでにあきらめたことが伝わっているのだと思った。

「じつはメンタルコントロールなんです。特にフライの場合は、キャスティングで体力を使うこともあって、疲れがたまって、それがそのまま集中力や気合いに影響してしまいます」

釣りのシーンでのメンタルコントロールというのは初耳だったが、確かに思い当たることはある。そして今回のこの島での四日間を思いだしてみると、岡野の行動にはダラダラとした時間がなかったことに思い当たった。バレたときにも、くやしまぎれに投げつづけるのではなく、こちらが拍子抜けするくらいあっさりと、昼メシにしましょう、と言ったりもした。あれは、岡野流のメンタルコントロールだったのだ。

海の釣りというのは、千個のコメ粒を拾って、一個のダイヤモンドを見つけるようなところがある。９９９個目であきらめないように、自分のこころをコントロールしなければ、肝心のダイヤモンドに行き着けない。だからこそ、あきらめないような状態に

自分を持っていくことが大切なのだ。そう岡野は語っているのだろう。それができなければ、東京湾で五年間もボウズをつづけられたはずはない。岡野は初めてのキビレを釣り上げるまでの五年間、自分のメンタルをコントロールしつづけたのだ。そう気づいたとき、釣りもしないでただ脇でカメラを構えているだけの自分には、あきらめる権利すらないことを思い知った。

休憩してタバコを吸う岡野を遠くから撮影したくて、私はその場を離れて砂浜を歩いていった。堤防に腰を下ろしてタバコを吸っている岡野は肩を落とし、やはりかなり疲れているように見えた。再び海に浸透していくとき、これもメンタルコントロールの一部なのだろう、岡野は、やるぞー、と叫んだ。

10　光に導かれて

それまで一日中どんよりとした厚い雲に覆われていた空だったが、西空にかすかな雲のほころびが見えた。わずかに顔をのぞかせた青空に救われるような気分になった。時計を見ると四時すぎだ。

岡野はひたすらキャスティングをつづけた。徐々にキャストするフライが岩礁に近づいている。私はＧｏＰｒｏで動画の撮影をつづけていたが、バッテリー残量が３％を切った。取材はこれまでということだな、と思った。

スイッチを切ろうとしたその瞬間だった。雲間から光が漏れたのだ。その日初めて見る太陽の光。私は得体の知れない不思議な兆候を感じた。面倒だけれども、バッテリーを替えようという気になった私がデイパックを体の前に回し、新しいバッテリーをＧｏＰｒｏに装着したまさにその瞬間だった。岡野が叫んだ。

「来たー！」

切れた方のバッテリーを左手で握った状態だった。魚がかかった以上、撮影をしなくてはならない。私は波に揺さぶられながら、バッテリーを握りしめた左手の拳で、右手で持ったＧｏｐｒｏを押しつけて支え、岡野の姿を追った。またトレバリーだろうと思った。雲間から徐々に太陽が姿を現し始めていた。魚はなんであれ、きれいな画にはなるはずだ。バッテリーを交換した判断が良かった、と私はホッとしながら急いで岡野に近づいていった。

「頼むよ、頼むよ、今度こそ頼むよ！」

トレバリーだと思うが、岡野の声に悲壮感はない。魚がなんであれ、やり取りしている時間こそが、釣りというゲームの核心部なのだ。

「なんだろう、なんだろう！」

魚が寄ってくるが、奇妙なことにトレバリーほどの粘りがない。まさか、まさか、そんなことはあり得ない。

曲がったロッドの先についている魚を見つめた岡野が叫んだ。

「ボーンだ、ボーンだ！」

「やったー！」

私は叫んでいた。まさか、まさかのボーンフィッシュ、日本生まれのボーンフィッシュだ。岡野よ、よくぞやってくれた。私は左手につかんだままのバッテリーを握りしめながら、波をかき分けて岡野の元に急いだ。

「やったー、おめでとうございます！」

「やったぞー！」

岡野が突き上げた濡《ぬ》れた拳が、ふいに光った。日が差したのだ。なぜ長い一日の、よりによってこの瞬間に……。

私は急いでデイパックを胸に回し、ＧｏＰｒｏをしまい一眼カメラを取り出して、輝かしい光のなかで無我夢中で岡野とボーンフィッシュを撮った。

シルバーに輝く日本のボーンフィッシュ、そしてそのひれの根本にはあまりに美しいチャートリュースイエロー。これだ、これを撮りたかったんだ。イソメで釣って、全身が砂だらけになったボーンじゃなくて、フライをくわえて銀色に美しく光り輝く日本のボーンフィッシュ、そう、ボーン・イン・ジャパンを。

岡野とハイタッチをしたとき、そこには明確に共に戦った共有感情があった。よくやったな、オマエ。オマエこそ。取材側と取材される側は別の方向を向いていながら、じつは戦友であることを知った瞬間だった。

なによりも印象深かったのは、そのときの岡野の顔だ。これまでかなりの数の釣り人のニコパチを撮ってきたが、こんなに晴れやかな顔をした釣り人を撮ったことはなかった。私が目にしていたのは、家族を抱えて断崖絶壁を背負った中年男ではなく、単なる釣り好きの少年だった。

すべてを終えて岡野が魚をリリースすると、ステージの幕が閉じるように雲が太陽を塞いだ。ドラマが終わったのだ。その日、太陽が姿を現したのは、その五分ちょっとの間だけである。その前の写真にも、その後の写真にも、一切太陽の光は写っていない。太陽に促されてバッテリーを交換していなかったら、フライフィッシングによる日本初の(たぶん)ボーンフィッシュのキャッチシーンを動画に収めることはできなかった。丸々四日間やって、ボーンフィッシュが釣れたのは、帰りのフライトの二時間半前だ。フライの神様はいる。ほんとうにいる。それは信じていいことなんだ。

NAOKO x 2

MTBのフライフィッシングキャンプ

フライロッドにはフライウイルスが寄生している、とNAOKOa（永井尚子）は言う。「フライフィッシングを始めたとき、まさかこの私がフライロッドの製作者側に回るなんて夢にも思わなかった」と語る彼女は、いまや「カムパネラ」でウイルスをまき散らしている強力な感染源である。NAOKOaは自身を隔離するために、同じくフライウイルス感染者であるNAOKOb（西澤奈緒子）と合流して、MTBで山奥へ向かうことにした。

NAOKObは新潟の長岡にあるアウトドアショップ「パーマーク」で働いている。トレラン、マラソン、テレマークスキー、MTB、フライフィッシングが好きで好きでたまらない重度のアウトドアウイルス感染者である。「隔離されなければならないはずが、なぜ人が集まるアウトドアショップで働いているのか？」と問いただしたところ、「罹患《りかん》を恐れていては、医療は成り立ちません」と正義感に溢れる回答が返ってきた。自分が感染している事実を忘れるほど重症のようだが、念のために店内ではマスクを着用しているらしい。

二人が向かったのは日本におけるゲームフィッシングの開祖、開高健が愛した銀山湖（奥只見湖）だ。銀山湖とはフライウイルスの親株であるアングリングウイルスの発生源であり、二人の目的地にこれ以上ふさわしい場所はないと思われた。この石碑は一応文学碑ということになってはいるが、文学愛好者をはるかに圧倒する数の釣り人が訪れる聖地となっている（奥只見湖周辺には徒歩のみ許可されている林道も多いので注意が必要）。

今回、NAOKOsの従者に選ばれたのは「カムパネラ」の石川寛樹と「パーマーク」の仲祐治である。NAOKOaは石川のことを職場での関係のまま「社長！」と呼び、呼ばれる本人もまんざらでもなさそうだが、私の耳にはスナックのママが客に対して「社長！」と呼んでいるように聞こえる。石川は自分を武闘派と言っているが、部下の下僕に甘んじるのだから、まちがいなくレアなM型武闘派だ。

男同士のキャンプ行だと、自分の機材は自分で責任を持つのが当たり前だが、女性と一緒だと男の責任になる。アメリカの女性フライフィッシャーは少なく見積もっても二十万人いると言われているが、国の成り立ちそのものがキャンプを原点としてきた国とおなじようには語れない。一方、日本では山ガールはすでに定着している。今、日本のフライフィッシング界に求められているのは、献身的かつ愛情の見返りを求めない（笑）女性へのサポートである。

NAOKOaの左脇は絶壁だ。まったく動じずにハンドルをさばくその姿に性根の座ったアウトドア女子を見た。そもそも女性が怖がりだなんていうのは、男性が作りあげた虚像だ。その事実に気づかされたのは、私が乗りたくないジェットコースターに乗りたがるガールフレンドに手を引かれたときのことだが、それ以来、たくましい女性はたくましい男性よりもかっこいいと思うようになった。

上り坂が辛くても、根性でペダルを回しつづける男性陣とは打って変わって、ＮＡＯＫＯｓは急坂になるとあっさりと自転車を降りて、引いて上った。このあたりにアウトドアにおける男性と女性の楽しみ方のちがいが表れているように思える。男性は苦難に対してチャレンジしがちだが、女性は逆に状況を受け入れる。男たちは、かつて山頂に立つと山を征服したと言ったが、そもそも自然には征服者も被征服者も存在しない。もともと女性たちはそのことを知っているのだ。

年齢差を考えると、私がｅＭＴＢ、四人がＭＴＢというのは悪くないバランスだと思った。ところが四人が疲れ切っているのに、私は疲れていない。ラクチンでいいと思うかもしれないが、代わりに大切なことが失われてしまった。それは状況の共有感覚である。私は彼らと共に汗を流し、疲れ、これ以上こぎたくない、と感じたかった。孤独とは、すなわち共感者の不在であることがわかった。

コロナと歩調を合わせるようにピークを越えたらしいアウトドアブームだが、次はいつになるのだろう？　アウトドアショップに勤めている二人には気になることだろうな、というこちらの心配をよそに、仲は手慣れた様子でパスタを作りながら、淡々と「好きな人だけ残ってくれれば、それでいいんですよ」と語った。本来静かであるべきフィールドが騒々しくなって、困惑していたのだろう。

いつ会っても若々しく、はつらつとしているNAOKOaだけれども、じつは男の子を一人育てあげている立派な母親だ。普段はそんな気配をみじんも見せない彼女だが（お酒を飲んでいるときは特に、笑）、今回のキャンプでは、夕飯時に彼女の優秀な母親ぶりを垣間見ることができた。料理のおいしさがレシピや材料ではなく手際に宿ることを、私は自分のヘタすぎるアウトドアクッキングでイヤというほど痛感してきたが、彼女の手際を見て、もう料理はやめようと思った。

キャンプには無数の楽しみがある。外で食べると食事はなぜかおいしくなるし、酒も怖いほど（笑）進む。仲間との釣り談義にも終わりがない。そんなたくさんの楽しみがありながらも、起き抜けに朝日を浴びるときほど喜びに満ちた瞬間はない。どんなに暑い日になろうと構わない、ピーカンで一日中魚が釣れなくても文句は言わない、夕立で全身ずぶ濡れになってもちっとも気にしない。その代わり、起き抜けのこの一時だけは晴れていてほしい。

女性が食べることに対して恥じらいを覚えるのは、そこに妖怪的な本性が隠されていることを自身でわかっているからである。女性って、心底食べることが大好きなのだ。一般的に、自分が枝に引っかけたフライを外そうとしてくれている男がいれば、ありがたく応援するのが礼儀だろうに、NAOKObときたら仲の苦戦をよそに、「まだかしら?」とばかりにスナックを口にし始めた。たぶん、「私はフライをなくしても気にしないから大丈夫」という気遣いの表れなのだろう、と思いたい(汗)。

正直に言おう。やっぱり女性を取材しているときの方が楽しい。男性の釣り人は取材となると、気の毒に思えるほど釣らなくてはならないというプレッシャーを感じてしまうようで、だからこちらも緊張する。一方、女性は釣りを楽しむことを第一に考えているから、こちらも気楽だ。しかもこのNAOKObのように、ふらい人書房が新刊発売のときにオマケにつけたフライボックスを使う気遣いまでしてくれるのだから、ついつい撮影ショット数が多くなる（笑）。

石川がこのイワナを釣る直前に、NAOKOaは泣き尺イワナを釣って悔しがっていた。悔しがっているのに、なぜかとても楽しそうでそれが不思議でならなかった。あとで気がついたが、きっと彼女にとっては悔しいことは楽しいことなのだ。意外なことには「悔しい」ことは、「つまらない」領域ではなく、「楽しい」領域に属しているということを私は忘れかけていた。

尺上だったはずのイワナがネットに入った途端、泣き尺になっていた。まるで開高が『フィッシュ・オン』に書いた、縮んだ60㎝の大イワナの話を再現するように。どうやら奥只見のイワナには、釣り上げられた途端に縮んでしまう遺伝子が引き継がれているようだ。NAOKOaの悔しげな表情を撮ろうとしたのに、その場に座り込んで魚を見つめた彼女はイワナをいとおしそうに見つめて、そっと流れに戻した。

ニジマス王国

——eバイクで行く鳥取の源流

1　100年前のニジマス

大昔に読んだ星新一の短編に忘れられない一篇がある。ある家庭に手のつけられない不良少年がいて、親が意見したり叱るたびに、少年は今でいう「逆ギレ」して「うるせー、誰が産んでくれって頼んだっていうんだ！」と悪態をつく。母親も父親も息子がそう叫ぶと、返す言葉を失い、黙ってうつむいてしまう。ところがある日、いつものように親子ゲンカが始まり、息子がお決まりの「誰が産んでくれって頼んだっていうんだ！」と叫んだ途端、家のドアが開き、

――私です。

と言う男が現れるのだ。じつは両親は成長したタイミングで、少年を男に引き渡す契約をしていたのだった。息子は「お父さん、お母さん、助けて！」と泣き叫ぶが、契約を反故《ほご》にするわけにいかない両親は黙って連れ去られる息子を見送ることしかできない。

そのショートショートを読んだのは私が中学生の頃で、タイトルも覚えていないし、記憶ちがいもあるだろうが、話の大筋はまちがっていないと思う。

映画『ブレードランナー』の原作であるフィリップ・K・ディックの『アンドロイドは電脳羊の夢を見るか？』や、もう少し近いところではカズオ・イシグロの『わたしを離さないで』とおなじく、「自分は誰かの意思によって意図的に作られたのではないのか？」という疑問をテーマにした恐ろしい短編である。

牧場で草を食む牛、あるいは養魚場の水槽を泳ぐ魚たちは、自分の出生の真実を知らないまま生まれ育てられ、スーパーマー

ケット用の食品として処理されていく。そのことが倫理的に良いか悪いかを議論する余地がないほど、とうの昔に人の世界経済は人工的に生産される他の生物の生命に依存している。

　仮に人間が神様、もしくは全能の宇宙人の手によって、大昔に地球上にバラまかれていたとしよう。とおくない未来に、人類の科学がその驚愕《きょうがく》の事実を究明する。肌の色のちがいで集団の殺し合いをしたり、目に見えないウイルスが次から次へと地球上の人々の生命を奪っていったり、一人の女性を巡って二人の男が殴り合ったりする映像を宇宙カメラで観察して、悲しんだりため息をついている存在がいたのだ。そんな神様の姿が夜七時のＮＨＫニュースに、ＢＢＣに、ＮＢＣに、ヤフーに、グーグルに現れる。私たちは、神様のゲームの一環として生みだされたのだった。「ゴメン、そんなつもりじゃなかったんだ」と謝る神様に、私たちは怒りをぶつけるどころか、どう反応していいのかさえわからない。

　自分の生が、神様の娯楽目的で意図的に作りだされたものだと知った翌朝、私たちはなにをするだろうか？　たぶん、いつもどおり七時に起きるだろう。朝食を食べるだろう。歯を磨くだろう。そして出勤するだろう、家畜を運ぶような通勤電車に乗って。

*

　鳥取の山奥に大昔に放流されたニジマスが、自力で繁殖をつづけて生き延びている源流があるという。日本国内で自然繁殖をつづけているニジマスといえば、誰もが北海道を思い浮かべるだろう。北海道以外でも、放流されたニジマスの個体が産卵に成功して子孫を残すことはままあることだが、源流部にニジマスが定着しているなんていう話は聞いたことがない。しかもそれが１００

年くらい前に放たれたニジマスの子孫かもしれないというのだ。

「その渓にはニジマスだけしかいないんです」

友人の濱田《はまだ》文彦からその話を聞いたのは２０２３年の夏のことだ。濱田は鳥取の水産関係機関で働いてきただけに、県内の魚事情についてはかなり詳しい。そしてなによりも大のニジマスびいきのフライフィッシャーである。濱田いわく、

――雑巾マスとかマズいとか言われて、長い間、さげすまれてきたニジマスが、トラウトサーモンと呼ばれてサケの地位まで登り詰め、回転寿司屋の花型になるなんて、いったい誰が想像できたでしょう。人間のエゴにここまで翻弄《ほんろう》された魚はいないんです。そう思うと哀れでなりません。

そんなニジマス擁護派の濱田からもたらされた情報にまちがいがあるはずはないが、それでも私は「まさか」と思った。

なぜ鳥取なのか？　青森ではなく、岩手でもなく、新潟でもなく、奥多摩でもない、心理的には東京に住む私からもっとも遠い山陰地方の山奥でひっそりと生き延びているニジマス。冬ともなれば雪も降るだろうが、いくら山奥だといっても緯度は低く、標高も知れている西日本の夏をどう生き延びてきたのだろう。

おそらく釣り人としては例外的なのだろうが、私は大物が釣れるという話にはほとんど反応しない。大物が私にとって必要悪であることは、『ライフ・イズ・フライフィッシング　シーズン１』に書いたのでここでは繰り返さないが、知らない土地や釣ったことのない土地で釣りをすること、その土地にしか存在しない魚（特にトラウト）を釣ることに私のロマンはもっとも強く発動する傾向があるのだ。

濵田と知り合ったのは比較的最近のことで、２０１９年の春に日本のバンブーロッドメーカーを取材していたときのことだった。濵田は新藤忠伸が製作するＧＥＮＩＵＳ　ＲＯＤの愛用者で、新藤が好んで釣りをする鳥取の渓にもう一人の友人牧野和則と同行したのをきっかけに交流が始まった。その後、私の『ｅバイクが欲しい』という書籍を読んで共感するところがあったらしく、２０２２年の夏に濵田からｅバイクに関する質問メールがきた。その後のｅメールのやり取りのなかで、鳥取にもｅバイク向きの渓が少なからずあることがわかってきた。

　釣り場は遠ければ遠いほどロマンがかき立てられるものだが、鳥取は遠い上に、ｅバイクで釣りをするとなれば、釣り道具だけを抱えて羽田から鳥取便に乗ることができない。車にｅバイクを積んで、東名、名神、中国道、鳥取道を乗り継いで、延々と走らなければならないのだ。途中に名古屋、大阪、神戸といった大都市があるために、おなじ八時間でも行き慣れた東北とちがって心理的な距離があった。

　そんなやり取りをつづけていたある日、濵田からのメールに添えられたあまりに意外な写真が私を驚かした。湯川豊氏の若かりし頃、おそらくは三十代前半の写真だった。そしてメールにはこう書かれてあった。

――湯川さんが鳥取に来られたときに座談会で撮られた写真です。ハンサムですよね。

　じっさい、今の言葉でいうところのイケメンだ。それもかなりイケてる。アップで撮られた写真の若々しさがあまりに新鮮で、それはちょっと胸がドキドキするほどだった。文藝春秋社引退後の湯川は作家業に専念しているが、現役編集者時代には多くの芥川賞作家を世に送りだした日本文学界きっての大編集者である。湯川には植村直己、星野道夫、須賀敦子などに関する優れた著作があるが、私は『イワナの夏』（ちくま文庫）が彼の最高傑作だと思っている。幸田露伴、井伏鱒二、開高健、夢枕獏といった釣り好きの作家たちが多くの釣りエッセイを残しているけれども、渓の空気感や釣り人の気分を再現して、これほど自然に読み手を空想の釣り場に誘う作家はいない。私が『イワナの夏』を読んだのがフライフィッシングを始めてすぐの頃だったこともあり、文章のなかに息づいている釣り人の高揚感にそそのかされるように、毎晩フライを巻き、毎週末釣り場へと足を運んだ。後年、湯川と一緒に釣りをするようになったのは、私が送ったファンレターまがいの感想文がきっかけだった。

若き日の湯川の顔写真を見た私は、最初、彼が編集者として鳥取に行って文学に関する座談会をしたときのものだろうと思ったが、濵田のメールを読むとそこにはこう書かれていた。

――大昔に放流されたニジマスが自然繁殖している川があって、それを湯川さんが釣りに来たときの座談会です。『Fishing Café』の巻頭エッセイにも、少しだけそのときのことが書かれています。

メールに添付されていたもう一つのファイルを開くと、エッセイの一部がコピーされていて、湯川はこう書いていた。

――その頃、一度だけ、兵庫県と鳥取県の国ざかいにある氷ノ山の山すそで、不思議なニジマス釣りをしたことがある。関西在住の某氏が、ニジマスが自然繁殖している谷があるといって、連れていってくれたのだった。斜面全体が見渡すかぎりのススキ原。そのススキ原の中腹を割るように林道が走っていて、車を進ませると細い流れに行き当たった（中略）。僕は半信半疑で下流に向かった。半信半疑、というのは、こんな狭い流れにあのニジマスが自然繁殖しているなんて、僕のそれまでの知見では考えられなかった。しかし、ニジマスはいた。いたどころか、ほとんど一投一尾という感じで、どんどん釣れた（中略）。釣れた魚はひれがピンと張って、黒点をちりばめたきれいなニジマスである。しかし、全部がおなじ型、つまり判で押したように小さい。高原の見捨てられたような流れに、いつかニジマスが放流され、それが渓流魚として生きのびて、ニジマスの王国をつくった。そうだとしても、これはなんと小さな王国であることか。もしかすると、ニジマスがニジマスであることを失いかけているのではないか。そんな思いが残る、不思議なニジマス釣りだった（Fishing Café第55号連載「約束の川――わがニジマス物語」湯川豊　より引用）。

この文章を読んだ私は、すぐに濵田にメールを返した。

――湯川さんは見捨てられた渓にロマンを感じるタイプなんです。だからエッセイのなかでも「見捨てられた」っていう言葉がさかんに使われます。で、一緒に釣りをするうちに、ぼくまで見捨てられた川が好きになっちゃいました。それにしてもこんな大昔の写真、どこで見つけたんですか？

なんでも濵田が勤務している組織には、古くからの地方書誌がため込まれている書庫があって、昔の資料からeバイクでしか行けない川を見つけだそうとしていたときにたまたま発見したという。濵田自身、そのニジマスの川へは毎年釣りに行くらしい。

――そもそもどうして、そんな小さな流れにニジマスが放流されることになったんですか？

そんな私の疑問に、濵田は歴史的な経緯を説明し、湯川が釣ったニジマスが昭和4年（1929年）に放流された魚の末裔《まつえい》である可能性を示唆した。ただしおよそ半世紀前、湯川がイケメン青年だったころに釣ったそのニジマス王国はすでにイワナに取って代わられて、消滅してしまっているということだった。

ああ、やっぱり。まさかニジマスが本州の、しかも西日本で一世紀も生き延びるはずはないとわかっていながらも、私はちょっぴり残念な気がした。なにしろ湯川譲りの、見捨てられた川好きの釣り人なのだから。そんな気持を素直に返した私に、濵田は驚くべき情報を返信してきた。

――じつは、もう一本あるんです。湯川さんが釣った川のとなりに、おなじタイミングでニジマスが放流された川が。そこでは今もニジマスが生き残っています。

「えー、ウソだろう！」

27インチのディスプレイに向かって、私はそう叫んだ。おそらくはその声が、はるかかなたの鳥取まで届いたのだろう、私が返信する前に、濵田からすぐにメールのつづきがきた。

——来ませんか？

そのとき私のなかでは、東京から鳥取まで延々とつづいている道路が、そっくりそのまま昭和につながっているタイムトンネルに思えた。

2　ニジマス南北朝

七月末の鳥取は暑かった。せっかく鳥取まで行くのだから、昔から憧れていた鳥取砂丘に寄り道することにしたのだが、とてつもなく暑かった。

　砂丘は私の想像よりもずっと規模が小さかった。砂丘周辺のそこかしこに人工物があって、視界の奥に携帯電話の電波塔が見えていたりする。砂丘に私が憧れたのは、『砂の女』の影響だが、私が勝手に思い描いていた孤絶感にはほど遠く、携帯電話もインターネットもなかった昭和をすぎ、平成を経て、令和となった今の日本では、そうそう簡単に人を一人にしてくれないのだ。

　砂丘を舞台にした『砂の女』はこんな風に始まる。

——八月のある日、男が一人、行方不明になった。休暇を利用して、汽車で半日ばかり海岸に出掛けたきり、消息をたってしまったのだ。捜索願も、新聞広告も、すべて無駄におわった（『砂の女』安部公房著　新潮文庫より）。

　小説もいいが、映画もいい。小説には、シュールさをうまく土俗性とでもいうべき当時の日本の地方性でまぶした不思議なリアリティがあって、読み手をカフカ的な不条理世界へと誘うが、映画では岸田今日子演じる砂の女に、原作には表れない強烈なエロティシズムがあって、土俗性というよりもむしろ性によって縛られる現代の夫婦像を暗喩する奥行きがある。

　私が『砂の女』でもっとも引かれるのは、冒頭で告知される失踪という設定だ。若い頃から私のなかには失踪願望があって、日常生活から逃避すべく、常に見えない出口を探しているようなところがある。私が渓流釣りをするのも、一人きりになりたいからだ。湖ではなく、常に渓流を、それもできるかぎり見捨てられた渓流を目指すのもその延長線なのだろう。渓流釣りが好きな釣り人には、私のようなタイプが少なからずいるように思う。

　鳥取市内のホテルにチェックインしたとき、着ていたシャツの襟ぐりは汗で気味悪くベタついた。

　その晩、市内の焼き鳥屋では再会の乾杯をするのももどかしく、濵田との会話はたちまちニジマス王国へと向かった。

「つまり、ニジマスが生き残っているのは、湯川さんが釣りをした川と尾根を隔てたとなりの川なんですね？」

　準備した地図を見ながら釣り場の説明をする濵田に私はそう聞いた。

「そうです。基本的にはおなじ川に注ぐ、平行して流れる支流同士の関係なので、環境もかなり似通っています」

　事前に濵田から入手した情報では、ニジマスの最初の放流記録は昭和４年で、初回が６月17日の８４８０匹、二回目が２万５６７０匹、翌年、翌々年にそれぞれ約２万５０００匹の稚魚が水産試験場によって放流されている。ただし、放流された本流Ｈ川の名前が特定されているだけで、くだんの二本の沢が流れ込む支流のＫ川が含まれているかどうかは定かではない。

　軍靴の響きが高まり始めた昭和10年に氏名未詳の個人が放流したという記録が戦前最後の記録だが、それは支流のＫ川と特定されている。戦後は昭和27年に水産試験場によって放流され、その翌年もつづけられた。

源流部にニジマスが放たれたという記録が残っているのは、「もはや戦後ではない」と宣言された昭和31年の前年のことで、これは営林署の職員が下流部で釣ったニジマスを移植したものだった。その後は昭和49年に釣り大会で１０００匹が下流部に放たれたのを最後に、放流の記録は残っていない。

「今、残っているニジマスが１００年前の子孫なのか、戦後のものなのかはわからないんですね？」

「そうなんです。ただ戦後、水産試験場が移植したのは産卵時期を秋にコントロールしたニジマスですが、今いるニジマスはもともとの春産卵です。だからといって、その後の経緯がはっきりしないかぎり、今の子孫のルーツが戦前のものだとは断定はできませんし、秋産卵の個体だけをいれたつもりでも、春産卵の個体が交じることもあったはずです」

「でも１００年前の子孫だった方がありがたみが湧くなあ」

「ですよね、誰が得するわけでもないんですがね」

私は濵田の言葉に苦笑した。天然っぽさが増したところで誰も得をしないし、損もしない。そのとおりだ。当のニジマスはそんなこととは無関係にただ生きているだけのことだ。１００年前から途絶えずにつづいているニジマス王国をありがたがるのは、そこに悠久のロマンを感じる濵田や私のような釣り人だけだろう。

「ニジマスをいれる前はイワナがいたんですか？」

「それはどうでしょうか。下流から産卵のために上流に上がってきてはいたはずですが、ニジマスが放流された最源流までイワナが生息していたかどうかは疑問です。全流程を歩いてチェックしたわけではないので確信は持てませんが、上流域から源流域にかけては魚止めの滝のような障壁が至る所にあります。二本の川のどちらもニジマスの記録しか残っていないので、明確なことは言えません」

そう言って、濱田はジョッキに残っていたビールを一気に飲んだ。水産の技術者として働いてきただけに、データを重視した科学的な目で状況を把握する習慣が身についているが、それでもときどき、ニジマスをひいき目でみるニュアンスがにじみでてしまうのがおかしかった。

「仮にもともとイワナがいた所にニジマスが放流されたとしても、イワナとヤマメが混棲するように、お互いを排除することなく共存できたかもしれませんしね」

私は濱田のニジマスびいきを応援するようにそう言った。

「いや、それはないんじゃないかなあ。ある程度川に規模があれば共存も可能ですが、そんな規模じゃないんです。釣り人的に言えば、落ち込みがすべてみたいな川です。まあ、明日行けば、わかります」

ひいき目で客観的な視野が曇らない濱田はエラいと思った。

「いただいた資料で一番気になったのが、営林署の職員がニジマスを上に持っていったっていう話でした。なんとなくその人物がニジマス王国の父であるような気がしてならないんです」

私は映画『ブレードランナー』でアンドロイドが、自分を作りだした父と呼ぶべき一人の科学者を特定して追い詰めたシーンを思いだしていた。

「まさしくぼくもそこが一番怪しいと思ってます。魚のいない源流部に釣り好きの職員がニジマスを運んだんじゃないかって」

「釣り人あるあるですね」

「営林署というのは具体的にいうと大阪営林署のことで、当時、ブナの伐採用に敷設された森林鉄道の終点が、まさしく現在ニジマス南朝が存続している地点に当たります。大阪営林署の職員が関わっていることは記録にも残っている事実だし、彼らの関与がニジマスの定着に大きな影響を与えたことは、ほぼまちがいないことだと思います」

「なんちょう？」

「あっ、北側が北朝で、南側を南朝と呼んでるんです」

「なるほど、ニジマス王国の南北朝ということですね」

「ＮＨＫの大河ドラマ化に期待したいところですが、やっぱ地味すぎてムリかな、あはっ」

　ビールの酔いもあって、好きなニジマスのことを語る濵田はとても楽しそうだ。

「片方は絶滅して、片方は存続しているところは、ドラマ向きな設定ではある」

「ですね、北側を流れている方には今はイワナしかいません」

「日照時間の差が存続するかどうかの境目だったんでしょうか？」

　私はいかにもフライフィッシャーらしく、陽気なニジマスの性格と虫の量が南面に有利だったというエセ科学的な理屈をつけて納得しようとしたが、濵田は否定した。

「いえ、そもそもどちらの川も、渓が深くて頭上が木々で覆われているので、日当たりにそれほどのちがいはないと思います。もし南北を言うなら、逆に夏の暑さを考えると北面の方が有利なはずですが、結果は逆なわけですから」

「釣り人の影響とかは？」

「その可能性がもっとも高いと思ってます。釣り人が大挙して訪れるような川ではないんですが、湯川さんがエッセイに書かれたとおり、北側の川には車で簡単にアクセスできるんです」

「北朝のニジマスがいなくなったのは、いつなんですか？」

「これもはっきりしないんですが、少なくとも湯川さんが行った昭和50年代後半には産卵床が数多く確認されています」

「なんたって、入れ食いですもんね」

「ええ、昭和61年にも産卵床が二十個確認されています。ところが翌年の昭和62年には稚魚の死骸が見つかって、かつ魚影が薄く、サイズも小さくなったという記録が残っています。採捕の最後の記録は平成24年の5月4日で、20㎝のニジマスが一匹だけ釣れていますが、これはじつはぼく自身が残した記録で、釣ったのは一緒に行った友人です。その日、ぼくは一匹も釣れませんでした」

　濵田の口から次々と正確な数字がでてくるのには驚かされたが、やはりニジマス王国に相当な思い入れがあるのだろう。

「それが最後なんですか？」

「はい、それからも、それ以前もほぼ毎年行ってますが、それ以降、ニジマスは一匹も釣れたことがありません」

「でも、どうして北側の川だけ、ニジマスが絶滅してしまったんでしょうか？」

「普通に考えればイワナのせいでしょう。言い忘れましたが、その最後のニジマスを釣った日に、友人はイワナも釣ったんです。しかも29㎝のヤツです」

　気のせいか、濵田の口調にニジマスびいきというよりは、むしろ釣り人的なくやしげなニュアンスがにじんだ。

「泣き尺だ」

「泣いていたのはニジマスかもしれません」

「食われたとか？」

「なんでも食っちゃうイワナのことですから」

　と、やっぱり濵田は友人の釣った泣き尺イワナを敵視して、ニジマスサイドに立つのだった。

「南側にはイワナはいないんですね？」

「今のところは」

「でも、北側にしても、昔は上れなかっただろう最源流まで、イワナが自力で上ってきたというのも変な話ですね」

「もちろんおかしな話です。自然をおかしくするのは、いつだって人間に決まってますから」

「やっぱり、誰かが放したのかなあ」

「もちろん断定はできませんが、そう考えるのがもっとも自然です」

　ある晴れた春の日、北の水平線に見慣れない煙が上がる。ニジマス王国の子供たちがめずらしがって近寄っていくと、そこには世にも恐ろしい人食いイワナがいた。子供たちは逃げ惑うが、イワナは次々とニジマスの子供たちを食らっていく。王国に警戒警報が響き渡り、大人も子供も凶暴な野鳥たちから身を守るために作った狭い穴蔵に逃げ込む。すぐに立ち去ると思っていた人食いイワナにはしかし仲間がいた。武力を盾にしたイワナとの一方的な交渉の結果、ニジマスは植民地化に合意する。植民地の居心地の良さにイワナたちは長居を決めこみ、やがて秋がくると怯えて縮こまるニジマスたちを尻目に、ハレンチきわまる産卵行為を見せつけ、春になって恐る恐る子孫を残したニジマスの産卵床から卵を食い尽くして、ニジマスの未来を断ち切る。老いたニジマスはやがて息絶え、イワナたちはイワナ王国の誕生を祝う。

　地球上のほとんどの生物は生存競争を勝ち抜くための本能を備えている。競争は好きじゃないからその機能いらないんだけど、とクレームしようにも、神様だか、全能の宇宙人だかが「スミマセン、調整できないんです、そういう仕様になってるもんで」と答える類いのものだ。本能には欲望がついてまわるが、じつは私にはある疑いがある。人間という生物を、神様だか、全能の宇宙人だかが創ったとするなら、創った彼ら自身に欲望がなかったら、こんな仕様を組み込むことはできなかったはずなのだ。つまり、神様にも欲望があるということだ。そう思うと、神様にも多少の同情の余地はある。

　人間の歴史は欲望と競争の歴史であるから……、とここで風呂敷を広げすぎると収拾がつかなくなるので、一気に話を釣りに狭めるが、釣り人の欲望といったら宇宙のごとくに果てしない。将来、人類が月に植民して、人々がドームのなかで普通に生活するようになったなら、きっとどこかのツリキチが静かの海に魚を放して、それが外来魚第一号になる。

　たとえばフライフィッシングの聖地といわれるアメリカのイエローストーン国立公園。公園内には間欠泉がある温泉地帯を流れるファイヤーホール・リバーという川があって、下流のマジソン・リバーと共に、イエローストーンを代表するフライフィッシング・リバーである。しかしその昔、ルイス＆クラークが大陸を初横断した頃、この川に魚はいなかった。西海岸からニジマス、ヨーロッパからブラウントラウトが移植され、その後、東海岸の富裕層が西でもブルックトラウトが釣りたいということで追加移植され、さらにはバスキチの意向もくんでラージマウスバスさえ入れられた。在来のトラウト以外の魚は完全に無視されて、どんな末路を歩んだかは記録さえ残っていない。十九世紀末から二十世紀初頭にかけてのことだ。

　同様の移植が公園外でも次々におこなわれ、結果的にモンタナ、ワイオミングの多くの川や湖から、在来種のグレーリング、イエローストーンカットスロート、ウェストスロープカットスロートが激減、もしくは絶滅し、同時にニジマスとカットスロートの混血であるカットボーが誕生した。

イエローストーン国立公園の北東部を流れるスルー・クリークは、半世紀前にチャールズ・ブルックスが北米でもっとも美しいトラウト釣り場と呼び、太古から営々と世代を継いできたイエローストーンカットスロートの末裔たちが泳ぐ美しい川だ。スルー・クリークは公園内でラマー・リバーと合流し、その後イエローストーン・リバーに合流する。そのスルー・クリークにいつからかニジマスが混ざりだし、カットスロートと交雑して、カットボーが生まれ始めた。

この事態を重く見た公園当局は釣り人に、スルー・クリークとラマー・リバーでニジマスとカットボーを釣ったら殺せという指示をだし、現時点でも継続中である。それは当局からライセンスを義務購入した釣り人への「お願い」ではなく、「義務」で、殺さなければならないルールなのである。当のニジマスやカットボーにしてみれば、この措置はホロコーストそのものである。ニジマスにしたところで、元はイエローストーン・リバーのどこかで放流された個体が自然繁殖し、その子孫が本能のままに上流部を目指し、結果的にスルー・クリークのカットスロート王国に到達しただけのことである。

カットスロートはニジマスの近親種であるため交雑可能だから、「あの娘エキゾティックだな」、「あのガイジン、イケメンね」、と引かれ合ったオスメスが、するべきことをしたら子供ができて子孫が残ったというわけである。戦国時代の政略結婚に比べれば、はるかに平和裏に共同王国を建設しようとしていて微笑ましいかぎりだというのに、もともと下流部にニジマスを放した当事者である人間が、その王国の独立を認めずにニジマスとカットボーを選別して抹殺しようとしている。

おなじようなことがイエローストーン・レイクでも起こっていて、これは『ウルトラライト・イエローストーン』に詳しく書いたが、簡単に言えば、釣り人がゲリラ放流したレイクトラウトが在来のイエローストーンカットスロートを絶滅させそうだから、釣ったレイクトラウトはすべて殺せ、という指示をだし、かつ業者委託したレイクトラウト漁を実施している。放たれたレイクトラウトにはなんの罪もない。人間に罪があるのだ。なぜそんな人間側に彼らの生命を奪う権利があるのか？　公園当局はネオナチか？

3　失われない野性

翌日、ホテルに迎えに来てくれた濵田の軽トラにｅバイクを積み込み、私たちは鳥取市内を後にした。早朝だというのにｅバイクを荷台に乗せるだけのことで、汗が滴り落ちた。

「今年は暑すぎますよ」

と運転席の濵田は、首に回した手ぬぐいで顔の汗を拭きながらそう言った。まったく同感だ。このまま温暖化が進み、日本からサケマスが絶滅してしまったら私のフライフィッシングはおしまいだ。フライフィッシングがおしまいになると私の人生もおしまいだから、そろそろ本気で沖縄に移住して、ソルトウォーターフィッシングの準備をした方が身のためかもしれない。

濵田の運転する軽トラは市街地を抜けて、田園地帯をまっすぐに進み、四十分ほどで林道に入った。軽トラだから横幅も地上最低高も余裕だ。定年退職と同時に、憧れの軽トラを購入したというが、結局のところ日本の林道は軽トラにかぎる。地元に釣り場がある人がうらやましい。

　この狭い林道を、以前は大型トラックが通行していたらしい。湯川が釣りをした時代には、まさにその川の流れる地域に比較的規模の大きな集落があって、高原野菜の栽培が盛んだったという。林道の周囲に木々が密集しているわけではなかったが、川らしい水面は一切見えないまま標高を上げていく。ほんとうにこんな山の上に川が流れているのだろうかと思いもするが、毎年来ている濵田がまちがっているはずもない。やっぱり思わないではいられなかった。なんでこんな山奥にニジマスを？　どんな組織、あるいは個人が、どういった意図をもってやったとしても、明らかに場所の選定ミスだとしか思えなかった。

　林道に入ってから二十分くらい上った所にゲートがあって、濵田は手前の空き地に軽トラを止め、私たちはｅバイクを下ろして釣りの準備をした。

　前回、濵田が下見に来たときには、大きな木の幹にクマハギの痕があったということで、クマスプレーと鈴をベルトに通した。それにしても暑い。濵田はウェットウェーディングだが、現場の様子がわからない私は、パタゴニアのウルトラライトウェーダーを持ってきていた。ウェーダーをｅバイクの荷台にくくりつけたが、頭からは汗がポタポタとウェーダーに落ちていく。見事に水滴を弾く。なかなかの撥水性だなんて感心している場合ではなかった。信じられないほど暑い。こんな所にニジマスがいるとは思えない。放したヤツの頭がイカれていたとしか思えない。まったくもって、どうかしている。ｅバイクにまたがる前から、すでにパーカーは汗まみれだというのに、この上釣り場に到着して、トレッキングパンツの上からウェーダーをはくなんて信じられない。

「今日の予想最高気温は37℃を超すそうです。早いところ水に漬かりましょう。といっても、せいぜいふくらはぎあたりまでしか濡れませんが」

濵田はそう言いながらも、どこか楽しげだ。慣れているのだろうか。それにしても鳥取って、こんなに暑い土地だったとは知らなかった。eバイクにまたがり、こぎだすと同時に風が顔に当たって心地よかった。一般的には林道をeバイクで上って上流の釣り場に向かうが、ここは地形上の都合でアクセスが逆だ。車を止めた地点がほぼ最高地点で、ゲートから先の林道を下って川に下りることになる。釣り場まではただ風を切って下るだけだからラクチンだ。ただ、釣り終わってさらに気温が上がったなかを、汗だくの体で林道を上ることを思うと憂鬱《ゆううつ》だった。

濵田のうしろをついていく。釣りは釣り場までのアプローチのプロセスがワクワク感を助長する。車でポイントの脇に乗りつけて、ハッチバックを開けてやおらロッドを振るなんていうイージーさは、いたずらに釣りの楽しみを損ねるだけだ。何時間もかけて歩いて山を登ったり、ヤブこぎをしたり、北海道へフェリーで渡ったり、海外に遠征したりと、手間と時間に比例して期待値はあがっていくものだ。

とはいうものの、アプローチでバテてしまうのはやりすぎで、その点、eバイクはプロセスをイージーにしつつも、目的地に向かっているという気持ちを高めることができるところがいい。おそらく私は、釣りという行為に物語性を求めているのだろう。物語であるからには起承転結が必要となり、だからこそわざわざ遠路はるばる鳥取までやって来ているのだ。それはわかっている。しかし、どうしてこんなに暑いのだ。

林道が左手に大きくカーブしていく地点に、山を下る脇道があった。脇道の下り坂が終わる所でｅバイクを下りて、ウェーダーをはいた。それだけのことで汗が滴り落ちる。準備を整えて、そこから斜面を下りていく。斜面に広葉樹がまばらに立っている、どこかしら散漫な印象がする森で、かなりの距離を下降してきたというのに谷底に下りたという気がしない。頭上は木々の葉で覆われているが、一本一本の木の背が高いため、水平方向への見通しは利く。

いったい何年分の落葉が敷き詰められているのだろうか、心地良いふかふかのクッションを足裏に感じながら、緩やかな斜面を下りていくと、ようやく水面が見えた。森の底を密《ひそ》やかに流れる水流が、柔らかな木漏れ日にきらめいている。幅３ｍほどのかわいらしく弱々しい小川が、地表の土ではなく柔らかな落葉の堆積をかき分けて流れているように見える。どこかしら童話的というのか、箱庭的というのか、完全に外界から遮断されて独立した世界が目の前に広がり、この光景を表現するのに「王国」という言葉を選んだ湯川の文章センスに、今さらながら舌を巻いた。

風が吹いていないこともあって、森の静寂はただ事ではなかった。川に下りた濵田の足音が、たちまち周囲の枯れ葉に吸収される。ロッドを振り始めた濵田の姿はまるでサイレント映画の登場人物のようでリアリティに欠けていたが、すぐに濵田のくぐもった笑い声が聞こえてきた。

「いました、いました」

急いで濵田に近づくと、水に漬けた手のひらにかわいらしいニジマスが乗っていた。

「この子がニジマス王国の末裔ですね」

そのニジマスは、体全体が薄い透明なベールで覆われたような、どこか蝋人形的な気配があって、呼吸しているエラが動いているのが奇妙に見えるほどだった。私は、まずは濵田が釣ったその生命感の薄いニジマスの写真を撮ってから、交代してロッドを振った。濵田から前日に聞いていたように、川の規模が小さすぎるためにポイントはある程度の水量のある落ち込みにかぎられていた。

私の一投目、アダムスのパラシュートがふいに水面から消えた。吸い込まれたのだ。ニジマスというよりは、イワナの出方だ。私が一呼吸おいて合わせると宇田ロッドがしなり、なかなかの力が伝わってきた。デカい、と思わず口走った私の手元に寄ってきたのは、15㎝ほどのニジマスだった。やはり、蝋人形のようなニジマスだった。黒い斑点が体全体に散っていて、体色がやや金色味を帯びている。

「小さいのに結構引きますね」

私がデカいと言った言い訳をするようにそう言うと、

「体が小さいから、ちびっ子かと思いがちなんですが、じつはこれは完全に成長した一人前のニジマスなんです」

「この大きさで、すでに成魚というわけですね」

私がそう言うと、濵田は、

「はい、この魚が立派に産卵するんです」

私は、ニジマスの降海型であるスティールヘッドが、スポーニングに戻ってくるときの巨体を思いだして、静かに驚いていた。どう見たっておなじ種とは思えない。

「なんというか、せつないというか、哀れというか」

「それは我々が他のニジマスを知っているからだし、哀れさからいえば、養魚場で育ったひれの丸い不健康な個体の方がずっと哀れです」

濵田はそう言って歩を進め、次のポイントに向かった。確かにこの小さなニジマスを哀れというのは、スカンジナビアンに比べて背が低いジャパニーズを哀れというのと、基本的におなじ発想だ。私は自分のなかに眠っている潜在的な差別意識を知って自分を恥じた。濵田が釣っている姿を前から撮影しようと土手に上がると、すぐにロッドが曲がった。

「おぉ、デカい！」

　私はロッドのしなりを見て、またそう言った。濵田からは、普段よほど小さい魚しか釣っていないと思われただろう。

　そして、その魚は水面を割って、大きくジャンプし、体をくねらせた。細かな水滴がニジマスの体から飛び散り、木漏れ日に霧のような水の幕を輝かせた。

「あー！」

　ニジマスがフライを外して水中に戻ったとき、濵田はくやしそうな声をだした。

　濵田には申し訳なかったが、私はうれしかった。鳥取のニジマスが、遺伝子のなかに組み込まれている「フライをジャンプで外す」という野生を、しっかりと受け継いでいたからだ。

　15㎝のニジマスが見せた大ジャンプは、ブリティッシュコロンビアでフライを外すスティールヘッドの姿となにも変わらない。湯川が書いていた、「ニジマスがニジマスであることを失いかけているのではないか」というのは、人間の目から見た杞憂《きゆう》だったのだ。

「ニジマスですねー」

　と言った私の言葉に、濵田はうなずき、

「さすがです、血は争えません」

　と言って、魚をバラした釣り人とは思えない明るい顔で笑った。

４　ツリビトジゴク

　ニジマスの川を上がった私たちは、ｅバイクを軽トラの荷台に戻して、半世紀前に湯川が釣ったはずのもう一つの川へと向かった。もちろん、体中が汗まみれだったが、それでも私のなかには不思議に正しいことをしているという感覚があって、ベタベタした不快感のなかに密やかな満足感があった。車が大きく左カーブして、坂道を上り始めたとき、私は見知った場所にやって来た気がした。

「この光景って、もしかして？」

　私の脳裏に湯川の文章が浮かんでいたのだ。

「そうです、ここが湯川さんがススキ一面と言っていた所です。まだ穂が開いてませんが、あの青々とした細長い草はみなススキです」

「やっぱり」

　ところがその緑色の原をしばらく走ると、家屋が目立ち始め、それが私には意外だった。一軒一軒は１００ｍ以上離れているが、明らかに集落と呼べる規模だ。しかし、荒れ果てている。人が住んでいる気配はなく、かつて庭だった空間が葉叢《はむら》に吸収されている。

「湯川さんがここに来た頃はまだ一面ススキの原だったんですよね？」

「そうです。この集落が高原野菜の生産地として繁栄していたのは１９７０年代後半から２０１０年をすぎたあたりまでのことです」

「じゃあ、もう人は住んでいないんですか？」

「いや、ほんの一、二軒だけだとは思いますが、野菜作りをつづけている農家があります。畑の周りにはシカ避けの柵があって、電気が流れているので、川から上がるときに結構やっかいです」

　青々とした草むらの周囲に電流が流れる柵があるという設定は風情に欠けると思ったが、少なくとも車窓からその柵は見えない。

　濵田はススキの原の真ん中で車を止めて、

「暑いから車のなかで食べましょうか？」

　と言った。

　エアコンがない世界でのランチが生存リスクになる状況に思えたが、遠くの道脇に大きな木が周囲に枝を伸ばしているのが見えた。丘の頂点にあたるそこだけに大きな影ができていた。濵田はそこまで車を進め、降りてみると意外なことに山上から吹き下ろしてきた風が汗だくの体を撫《な》でて心地良かった、と書くのがウソとも言い切れない程度の微風が吹いていた。

「外で食べますか」

　エアコンの効いた軽トラの車内で、激しく汗をかいた男二人がシートに並んでおにぎりを頬ばるというのもなかなかセクシーな図だと思いはしたが、年齢のことを忘れていた。加齢臭で増長された汗臭さに耐えられる自信のなかった私は濵田の提案に同意した。

　途中のコンビニで買ったおにぎりとお茶を持って、丘の斜面を少しだけ登って、木の影がぎりぎりで届いている草の上に腰を下ろした。見下ろすススキの原を夏の風が渡っていく。暑さによる発汗が疲労度を増しているから、おにぎりがおいしい。もちろんのども渇いているから、お茶もおいしい。やっぱり釣りは楽しい。カーンと晴れた真夏の釣りは暑さにやられてどこかしら頭がぼんやりしているせいか、不思議な孤絶感がある。あるいは死にちかづいた擬似的状態なのかもしれないが、嫌いではない浮遊感覚だ。

「あの先が川です」

　濵田の指差す先には、帯状に緑が濃くなっている地帯がある。道から１００ｍといったところだろうか。午前中にｅバイクで行った南側の川と比べると、確かにアクセスがいい。ここに車を止めて、イワナを運ぶことは可能ではある。

　ススキの原の緩い坂道を軽トラが上ってくる。この集落に居残っている数少ない住民の一人だろうか。すぐ前を通過するとき、頭を下げた私を無視して、道の反対側に止まっている濵田の軽トラを不審そうに見て通りすぎていった。荷台に緑色のビニールシートがかぶされた、いかにも農作業風の軽トラは地元民には乗用車よりもかえって怪しく見えるのかもしれない。ビニールシートの下にあるのが農機具ではなくて、二台のｅバイクだとは思いもつかないことだろう。

　ランチ休憩を終えた私たちは、釣りの準備を整えて、川へ下りた。すぐに小さなイワナが釣れた。大きさは午前中のニジマスと変わらないが、いかにも小さなイワナらしく、少し走るとすぐに息切れして浮いてくる。

「やっぱり、あのニジマスって強かったんですね」

　私がそう言うと、濵田は、

「でしょ」

　と言って、うれしそうに笑った。それから濵田と交互に釣って、入れ食いとはいかないまでも、まあまあ釣れた。大きさは最大でも17〜18㎝で、午前中のニジマスとほとんど変わらないサイズだった。泣き尺という話から、もう少し大きなイワナを期待していたけれども、そのときの私はなぜか午前中のニジマスとバランスが取れていい、と思った。

　渓の様子も南の渓と酷似していた。朽ちた小枝と枯れ葉がクッションになって、靴底を受け止めてくれるところも一緒だった。二つの川は共に、U字に削られた渓を緩やかに流れていて、おなじブナの森でも、私にとって見慣れたV字状の底を流れている東北の渓流とはかなり様子が異なっていた。斜面が緩やかで、だから枯れ葉もたまりやすいのだろうが、U字型の彫刻刀で彫られたような緩やかな斜面と柔らかな地面が、どこかしら女性的だ。とげとげしさがなく、釣っているこちらの気分が自然に落ち着いていく。あるいは湯川が書いた「ニジマスらしさがなくなる」というのは、この柔らかな渓のもたらした印象だったのかもしれない。

　計画どおり、ニジマスとイワナの生存を確認して満足した私たちはその日の釣りを終えた。

　木漏れ日が差す、穏やかで平和な王国を最後に目に焼きつけてから、私は濵田の背を追って、斜面に取りついた。緩やかだったU字型の斜面は上部に行くほどに傾斜が急になった。

　経験したことのない不思議な形状に戸惑っている私を尻目に、濵田はやはり慣れているのだろう、一人すいすいと先を登っていく。私はといえば、積み重なった枯れ葉に靴底が沈んでしまい、底なしの葉に靴のグリップが効かず、登ってはずるずると下降を繰り返しながら、少しずつ高度を稼ぐしかなかった。柔らかで穏やかな見た目とは裏腹に、入渓は容易なのに脱渓は困難なすり鉢状の蟻地獄のような渓なのだ。

　そのとき私は、蟻地獄に落ちた『砂の女』の主人公を思いだしていた。全身から汗を噴き出し、暑さにあえぎ裸になって砂の斜面を登るが、もう一歩という所で砂が崩れて、どうしても上まで行き着けない。砂底で待っているのは牙を広げたウスバカゲロウの幼虫ではなく、一人の女だ。あれはおなじ砂丘でも鳥取ではなく庄内だったはずだが、あるいは鳥取には釣り人を捕らえるツリビトジゴクがあったのか。暑さと息切れによる酸素不足で私の思考は停止寸前だ。目に入る汗で視界がぼやけ、ほっそりとした体で前を歩く濵田が男を蟻地獄へと誘導したハンミョウに見えてくる。半世紀前に湯川をここに誘導したのも、じつは濵田本人だったのではないのか？　すでに思考能力を失った私の脳は軽々と時空を超えて昭和と令和をつなげる。

息も絶え絶えでツリビトジゴクを脱出した私を待っていたのは、シカ避けの電気柵だった。すぐ向こうの青々としたススキの原を横目に見ながら、いつしか姿を消した濵田を追って延々と終わらない柵に沿って黙々と歩いた。私は歩いているのではなく、汗の海を泳いでいるのだ。

三本のワイヤーのすぐ向こう側に広がっている自由世界を見ていた私はふと、自分がウスバカゲロウならぬ、カゲロウに捕らえられたフライ囚人であることに気づいた。

（初出：冒頭部分のみ、パタゴニアブログ・クリニーネストライン「生まれてきた理由を知らない魚たち」https://www.patagonia.jp/stories/fishes-which-dont-know-why-they-were-born/story-109831.html より一部抜粋）

北アルプスの釣り

1　こんなヤマメに誰がした？

春は冬に気づかれないように、忍び足でやって来る。クロッカスが咲き、スイセンが咲き、紅梅がモノトーンの光景にポツリポツリと小さな染みを作るようになった頃、明け方の空気に春の匂いが混ざり始める。

待ちに待ったフィッシングシーズンが、すぐそこまでやって来ている。そうなると気もそぞろのフライフィッシャーは仕事が手につかなくなる。冬の間まったく音信不通で、死んだと思っていた友人から連絡があるのもこの時期だ。ただしエサ釣りとちがって三寒四温のこの時期に釣りになる場所は限定される。そんなかぎられた釣り場のなかで、フライフィッシャーにもっとも人気がある釣り場の一つに、北アルプスを源とする蒲田川がある。

下流部で本流に合流して日本海に注ぐ蒲田川の上流部は右俣と左俣に分かれていて、右俣は槍ヶ岳、左俣は樅沢《もみさわ》岳を源頭としている。この時期、源流部は釣りどころか北アルプス山域全体がまだまだ冬山の装いだが、二つの支流が合流する辺りに温泉が湧いているために、その区間だけは川の温度が上昇し、水のなかに異例に早い春が訪れるのだ。伊豆でもコカゲロウくらいしか羽化していない3月上旬だというのに、早くも中型のメイフライがハッチし、それを狙ったイワナがライズする。と思い込んでいた私の情報は古すぎた。

初めて蒲田川を釣ったのは三十年ちかく前のことで、雪に埋もれた河原に湯気の立つ筋があって、それが川であることを知ったときには驚いた。膝上まで積もった雪をラッセルして流れに立つと、緩やかに流れる瀬尻でイワナがライズしていて、初心者から抜け出た程度の私が投げるフライを、さほど疑うこともなくくわえてくれた。

　当時の蒲田川は遠かった。安房トンネルがなかった頃、春は冬期閉鎖中の安房峠を利用することはできず、東京から車で行くとなると、大変な大回りをしなければならなかったのだ。また、季節が早いだけにアタリハズレの振れ幅が大きく、天候が崩れて雪になることも少なくなかった。蒲田川は晴天時よりも降雪時の方が釣れるから、それだけを考えると悪くないのだが、雪が降ると運転がやっかいだ。何度かチェーンを装着して乗り切ったが、ハズレの年が多くなり始めたタイミングで面倒になってきたのと、たまたま高知に知己ができたこともあって、それからは初釣りは少し遅らせて、梅ではなく桜が咲く頃まで待って高知に行くことが多くなった。

　それでも、たまにはということで、２０１１年に有給休暇を取って会社のフライ仲間三人と行ったが大雪になった。

　蒲田川は荒天になればなるほど釣れることになっているから、爆釣のはずなのに、なに一つとして反応のない川にそれでも我慢して立ち込んでいると、ドーンという大きく鈍い響きがあって川底が揺れた。最初は発破《はっぱ》でもしかけているのかと思ったが、考えてみればこの季節に雪崩《なだれ》を誘発する発破を使うはずはなかった。なんだろうと不審に思いながらも釣りをつづけた。しばらくすると、もう一度おなじような音がして、また地面が大きく揺れた。その時点ではなにが起こったのか一切わからなかったが、直感的に危険を感じた私は川を上がった。

　友人の車に向かうと、かなり上流側で釣っていたはずの友人の姿があって、やはりなにかがおかしいと感じて上がってきたという。友人の車にはテレビがあって、ニュース番組を探す必要もなく、いきなり画面に現れたのは八戸港に津波が押し寄せてきている映像だった。３月11日金曜日のことだった。他の二人に連絡して、釣りを中止して予約していた宿で合流した。

宿屋のおかみが申し訳なさそうな顔をして、露天風呂の底が割れて湯がたまらないがそれでもいいか？　と言う。こんな状況で泊めてもらえるだけでもありがたいという気分だった。身内や会社に連絡しようにも電波状態が最悪で、結局電話がつながったのは夜遅くになってからだった。つながった電話で、娘が亡き愛犬の遺骨壺を抱えてダイニングテーブルの下に潜り込んだと聞いた。こんなときに釣りで家を空けて申し訳ないことをしたと思った。通行止めだった中央道が開通したのは、確か翌日の夕方以降だったと思うが、記憶に残っていない。

三年前、東日本大震災以来ちょうど十年ぶりに訪れた蒲田川でライズしていたのはイワナではなく、ヤマメだった。

有料道路をでて山を下り切ると橋に行き当たるが、その周辺はキャッチアンドリリース区間に指定されている。支流の蒲田川を含めて、高原川を管理する高原川漁協は成魚放流をおこなわず、稚魚放流と発眼卵放流だけを継続しておこなっている、日本国内ではかなりめずらしい漁協だ。私はその事実をパタゴニアの『ARTIFISHAL』上映会のときにパネリストとして出席していた組合員の口から聞き、ならば翌春は久しぶりに行ってみようかという気になったのである。

私たち日本のフライフィッシャーが、ヤマメやイワナに１００％の天然ものを求めることをあきらめて久しい。無差別放流天国の日本の河川に祖先からの純血を保っている魚がどのくらい生息しつづけているのかはわからない。北海道を除く日本の大半の河川湖沼は各地の漁協（漁業協同管理組合）によって管理されている。国から予算を配分されている漁協には増殖義務がある。これまで日本の大半の漁協がおこなってきた「増殖」は、ほとんど「放流」と言い換えることができる。たとえ天然種が残っていても、よほど隔絶された環境でないかぎり、いつかどこかで圧倒的多数の放流魚と交わる運命にあるのだ。

天然魚をあきらめたとしても、せめて魚体のきれいな魚を釣りたい。ひれが欠けていたり、丸まっていたり、変形している、いわゆる雑巾マスは釣りたくない。わかりやすく言えばつまり、漁協にはうまくだましてほしいのだ。

――おー、きれいなヤマメだなあ、もしかして天然かも。

と、そうでないことを薄々わかっていながらも、だまされたいのである。その点で高原川漁協はうまくやっていると思うが、パネリストの組合員が言うには、「金払ってるんだから、大きな魚をたくさんいれてくれよ」という声も多いそうだ。私としては、全国の漁協に向かって、「お金払ってるんだから、うまくダマしてください」と言いたい。

そうはいうものの、蒲田川が昔の蒲田川でなくなっていることも事実だ。槍ケ岳の尖った頂上が正面に見える登山道の入り口に、イワナではなくヤマメがいること、そしてそのすぐ下流にニジマスがいることには、どうしても違和感がある。

私は釣りにかぎらず懐古趣味を毛嫌いしていて、だから口が裂けても昔は良かったなんて言いたくない。釣り人の「昔は良かった話」は懐かしむというよりは、むしろ自慢話の一環として昔が利用されるから、なおのこと始末に負えない。しかも不思議なことには過去に遡《さかのぼ》った魚は巨大化し、数も増えるのだ。だから、私はここで昔の蒲田川が良かったとは言わない。もしほんとうにそうだったとしても、尺上イワナなんて当たり前だったし、無限に釣れたとは言わない。そういえば、思いだすのは十五年前、雪のチラつくほの暗い日に釣った、35㎝のオスのイワナは素晴らしい魚体だったが、それも言わないことにする。

で、現在の話だ。十年ぶりに仲間と行った蒲田川はピーカンだった。前述したように、北アルプスの麓《ふもと》だから3月は吹雪くことだってあるし、一足先に春になっているのは川のなかだけのことで、川を上がればそこには北アルプスの冬がある。だから、荒天の方が釣れるとわかっていても、晴れてほしいという気になる。

もしフライの神様に、「釣りたいの、それとも日なたぼっこがしたいの？」と二択を強要されたら、私は少しだけ迷って、「日なたぼっこかなあ」と答えるだろう。

その週末も、他の友人たちは土曜日の早朝に到着して早々に釣り始めたが、雨の予報に私はあえて出発を遅らせて、土曜の夕方に到着して、日曜日だけ釣ることにしたのだった。久しぶりに釣り仲間の顔を見て、酒を飲んで、温泉に入ればそれでいいじゃないか、と。ところが、そういう軟弱なフライフィッシャーにフライの神様は殊の外厳しいのである。

日曜日の朝、前日に仲間がライズにハマり、結局誰も釣れなかったというプールに行った。天候が回復して条件は悪くなったが、幸い引きつづきヤマメはライズを繰り返していた。

黒っぽい中型のカゲロウが羽化していて、ヤマメは明らかにそのダンを食べていた。ＣＤＣのダンパターンで取れると思った。一投目でフライにでた。が、かからなかった。まちがいなく食べているはずのパターンが嫌われるというのは、人気釣り場にありがちなリアクションだ。私は定石どおりサイズを落とした。そして今度もまた一投目ででた。そして、また空振りだった。イヤな予感がした。

流し方が悪かったようには見えなかった。私はまたフライを換えた。今度はクリップルだ。かなり厳しい、と状況を見て取った私は手持ちのクリップルのなかでもっとも繊細なＣＤＣのウイングバージョンをティペットに結んだ。するとまたでて、また空振りだった。これはフライのせいではない。イヤな予感がイヤな現実へと変わりつつある。

私は６Ｘティペットに７Ｘを継ぎ足した。リーダーと合わせると17フィートで、このあたりが私のキャスト能力でコントロールが効くギリギリの限界点だ。

念のためにクリップルのサイズを落として、かつ色もアダムスっぽいあいまいなグレーのフライに換えた。ヤマメはまたフライにでてきたが、私は今度は合わせなかった。明らかにフライの手前で見破っているのが見えたからだ。なぜわざわざ水面にでてきて、パシャとやるのかがわからない。対岸で釣っている仲間が、

「ホラ、言ったとおりでしょ」

とうれしそうな声を出す。まったく前日とおなじ状況らしい。あまりに釣り人が多いために、魚が水面と水中を流れるあらゆるものを猜疑《さいぎ》的な目でチェックしているのだ。

こういったときに、魚が見たことがないフライを流すと、食ってくれることがある。私は、リチャードソン（チェスト・フライボックス）を開けて、その年の冬に考案したボディの上でまばらなディアヘアをパラシュート状にフレアさせた最新フライを結んだ。

新開発のフライを使うときとは、定番フライを使うときとはちがう。ワクワク感があってそれが好きだ。おそらくこの楽しみは私のフライフィッシングのなかで、重要な位置を占めている。とはいえ私の場合、新開発といってもどこかで誰かがやっていること

を、自分流に改造しているだけのことだが、それでも魚がスレているケースでは、他人とちがうフライを使うことで難しい状況を突破してきた経験がある。ついでに言うと、その発想の延長で、いつからか私のフライボックスからはエルクヘアカディスが消えた。というのは、私が行く大半の釣り場は秘密の渓でもなんでもない、多くのフライフィッシャーに知られた所だから、ヤマメやイワナはエルクヘアに飽き飽きしてると思うのだ。

そしてその新開発フライにヤマメは食いついたのだった。

今度はしぶきだけではなく、ちゃんとフライをくわえたのだ。誓って、ほんとうにくわえた。だって、くわえないと、コツンという衝撃はないでしょ。

ということを自慢したくなるほど、その日のヤマメは神経質だった。そのコツンがその日の最初で最後の魚とのコンタクトだった。すれっからしのヤマメが、ものは試しに口先1㎜でつまんだという感じだ。ちなみにサイズは25㎝を超えたあたりで、きれいなパーマークが水中に並んでいて美しかった、と今は冷静に思いだせるが、そのときは、

——誰だ、この川にヤマメを放したのは！

という気分だった。なによりそのヤマメはヤマメらしくなさすぎた。ヤマメは一度フライにでたら、そうそう繰り返しでるものじゃないのよ、とお母さんにちゃんとしつけられて育つものなのだ。普段は一度しかでないヤマメに、「なんで一度しかでないんだよ！」と文句を言っている自分を忘れて、私はそう思ったのだった。

誰がこんなヤマメにしてしまったのか？

稚魚放流と発眼卵放流による幼い頃からの早期英才教育が、魚離れしたＩＱのヤマメを産みだしているんだ、と自分の腕を棚に

あげて漁協に責任をなすりつけたいところだが、じつは蒲田川のヤマメが高ＩＱ化した原因は漁協にはなく、安房トンネルだと私は確信している。

安房トンネルができる前まで、東京の釣り人にとって岐阜は遠い釣り場だった。大回りをしなければならない春先はもちろんのこと、安房峠が開通した5月以降でも、通過に時間がかかりすぎるあの峠は可能なかぎり通りたくないルートだったのだ。そもそもあんなに細く、カーブが延々とつづく峠道を観光バスやら大型トラックやらダンプカーが通行していること自体が驚きだった。曲がりきれないヘアピンカーブでバスはいちいち停車して、バスガイドがバスから降りて、切り返しの誘導をするありさまだったのである。

そんな私は、自然に岐阜の釣り場を敬遠するようになり東北へ向かったが、当時はおなじような首都圏人が多かったと思う。今、首都圏にはおよそ４３００万人の人が暮らしている。日本の人口の約35％である。その首都圏と奥飛騨が走行時間にしてわずか五分足らずの有料トンネルでつながってしまったことが、蒲田川を大きく変貌《へんぼう》させてしまったのである。

ふざけた態度のヤマメが腹に据えかねた私は、純朴なイワナなら真面目に対応してくれるかもしれないと期待し、仲間と別れて昔の記憶を頼りに上流部の尺イワナポイントへ向かった。

高台の駐車スペースに車を置き、斜面を下って川が見える所まで来たら、上流に二人、下流に一人の釣り人の姿があった。先行者だけではなく、後行者までいるのだった。日曜日の午後二時という時間を考えれば、その先行者の前にも数多くの先行者がいて、しかもそれが前日の土曜日の朝から人気ラーメン店の行列のようにつづいていると考える方が自然だった。私にはラーメンは並んで食べないというポリシーがあるので、あっさりとあきらめることにした。斜面を引き返したら、またまた新たな二人がこちらに向かってきた。私の姿を見て、なあんだ、先にやられちゃったのか、という表情をして立ち止まったので私は、

「すでに三人いますよ」

　と言った。

「ここもかあー」

　という反応に、私が、

「ちょっとねえ、これじゃねえ」

　と同調すると、

「で、釣れましたか？」

　と聞いてきた。

「フライにはでるんですが、かかりません」

「あー、おんなじだあ」

　と二人は顔を見合わせて、残念なような、ほっとしたような複雑な表情をした。釣れていない状況が好ましくないのは当たり前だが、他の釣り人も釣れていないとなると、少なくとも自分の腕が悪いわけではないと安心できるわけだ。

「やっぱり、でるにはでますか？」

　と私が聞くと、

「ええ、かなり。なのに一匹も食わない」

　と答えた。ライズしていたヤマメをかけただけマシだ、と私は失いかけた自信を取り戻し、川の様子を見るだけ見てみるという二人と別れた。車に戻る私は、残念なような、ほっとしたような複雑な表情をしていたはずだ。

　例のヤマメプールに戻ると、相も変わらず釣れないヤマメに向かってキャストしている友人たちの姿があった。午後の太陽が水

面に輝いている。冬眠から目覚めた釣り人が久しぶりに友人と顔を合わせて、ぽかぽか陽気のなかで釣れないヤマメを釣っている。これでいい。仲間と会って、酒を飲んで、温泉に入りに来たのだ、釣りをしに来たわけじゃない。私は初春の柔らかい太陽の光を顔に浴びてほほ笑みながら、ヤマメが残したコツンという感触を思いだしていた。

2　黒部水族館のフライフィッシング

北アルプスといえば、黒部川を思い起こす釣り人が多いと思う。黒部峡谷は上の廊下や下の廊下といった人を寄せつけない難所のイメージが強いが、大半のフライフィッシャーが目指すのは奥の廊下である。上の廊下の奥だからさらに厳しいのではないかと思いきや、意外なことにはきわめて遡行しやすい、明るく開けたフライフィッシング向きの釣り場なのである。

　私が初めて黒部源流を訪れたのは２０１４年の夏のことで、釣りクラブ仲間の故Ｉマイの先導で、ＳカモトとＫシワクラの四人でもっとも一般的な折立→太郎平→薬師沢小屋というルートを取った。

　このときは折立の前泊キャンプでいささか飲みすぎた。出発の朝、なぜかカップヌードルが空の状態でテントのなかに転がっていて、念のためにリュックのなかを確認すると、ランチ用に準備していた私のカップヌードルがない。飲んだときの私は妙に気前が良くなるから、小腹が空いた仲間にあげたのかもしれないと思って、おなじテントで寝たＩマイに聞くと、「もしかして、自分で食べたこと覚えてないの？」と返され、私は自分が飲みすぎたことを知ったのだった。飲み始めると酒しか飲まずに食べ物に口をつけなくなる呑兵衛《のんべえ》は多いが、私の場合、飲みすぎるとなぜか大食いしたくなるのだ。

　自分が食べたことを覚えていないほど飲んだ結果として、最初の急登で猛烈に気分が悪くなった。カップヌードルが麺状態のまま胃袋のなかでとぐろを巻いているような気がした。まともな健康状態でも厳しい登りなのにと後悔しても、例によって後の祭りだ。

　登山道が森林帯を抜けて稜線にでると視界が広がり、大量に水を飲んで汗をかいたために、多少は気分が良くなってきたが、今度は古傷の右膝が痛み始めた。先に行ってほしい、と声をかけた私が太郎平に到着したとき、すでに仲間の姿はなかった。標準コースタイムが五時間のところを、すでに七時間が経過していたのだ。

　太郎平の素晴らしく開けた光景の先には堂々とした薬師岳がそびえていて、登山道にカラフルなリュックがポツリポツリと見えている。日本百名山の薬師岳頂上へは太郎平から三時間ちょっと、私が目指す薬師沢小屋までは二時間ちょっと。

　気がかりなのは、痛みが増し始めた右膝だった。これは三十一歳のときに八ケ岳の赤岳を日帰りでピストン登山したときの古傷で、上りはまだマシなのだが、下りで痛みが強まる。一般的な登山の往路は登るだけだが、黒部源流行の厳しいところは、登り詰めた所で、今度は谷底までの下降が待っていることだ。猛烈にソンをした気分になる。

　私が薬師小屋に到着したとき、右膝は少しでも動かすと痛みが走るほどで、ストックを松葉杖代わりに歩行をつづけたという有り様だった。日はほぼ暮れていて、小屋に到着した私にホッとした仲間の顔を見て、とても申し訳ない気分になった。

　翌日は素晴らしい晴天となり、小屋の前に架かっている吊り橋から見下ろすと、恐ろしく澄んだ水の中にたくさんのイワナの姿があった。釣りとなるとあれだけ痛んで音をあげていた右膝がおとなしくなるから、釣り人って都合良すぎる。

それにしても水の透明さといったらなかった。青々とした水というのは、まさしくこの状態を言うのだと思った。その青く透明な水のなかに定位しているイワナの姿がはっきりと視認できるから、いよいよこちらの気持ちも盛りあがってくる。

あまりに美しい流れを見ながら、

「釣れなくてもこの水の色を見ることができたんだから、痛みを我慢して丸一日歩いたかいがあったよ」

と釣り始める前から、早々に釣れなかったときの布石を打った私だったが、予想以上に黒部のイワナは素直だった。

目立った水生昆虫の羽化はなく、ライズしている魚もほとんどいなかったが、なにしろ透明すぎるほど透明な水中が丸見えで、かつ川が南を向いているために太陽が水底までをくまなく照らしてくれている。岩の脇に張りついたように定位しているイワナさえはっきりと見えた。

「なんだか水族館で釣りをしているみたいだなあ」

というＩマイの言葉が忘れられない（Ｉマイはその数年後に釣り場で倒れて死んでしまった）。

名人は魚が見えているから魚が釣れる。このことは本書冒頭の「ボーン・イン・ジャパン」にも書いたが、この黒部釣行では、透明な水と太陽のおかげで、私もごく一時的に擬似名人と化したのだった
源流域のため、もともと虫などの食物が少ない上に、産卵時期が間近に迫っていることもあったのだろう、水底に定位しているイワナでさえも、水面に浮上してドライフライを食ってくれた。

何度かイヤな思いをしたことがあるだろう、フライを見にきてもUターンしてしまう個体も少なからずいた。そんなイワナはドライフライの下にニンフをつけたダブルリグで狙うと、あっけなく釣れてくるから、基本的には食べたくて仕方ないのだろう。食べ物が少ない状況で背に腹は代えられない状況にあるのだ。

　これまでの痛い経験からすると、入れ食いだと聞いて、行ってみたところが入れ食いであった試しはない。黒部源流が大イワナパラダイスだったのは昔の話だ。だからこの黒部行にも過剰な期待はしていなかった。それでも釣れたのは、たぶん運が良かったからだ。

　フライをキャストしてからの魚の一挙手一投足が見えている釣りは、それまでに経験したことがないスリルとワクワク感に満ちたものだったが、それというのも太陽が味方になってくれたからである。昼になれば雲が湧くのが高山帯で、一日中晴れているなんて日が年に何回もあるとは思えない。

　その日の平均サイズは25㎝前後で数はかなりでたものの、我々一行に尺上イワナを釣った者はいなかった。

　驚いたのは魚体の大きさに対するひれ、特に胸びれの大きさだ。釣り上げると、まるで蝶々が水のなかで羽根を広げたような姿で寄ってくる。魚を手元に寄せて、痩せた体の両側に広がる大きな胸びれを見るたびに、私は雪解けの激流のなかで必死に川底にへばりついている姿を思って静かに感動していた。

　黒部川のイワナはニッコウイワナだが、隔絶された地域に生息しているために、ひれ以外も他の地域のイワナとは姿形が異なっている。

　背中に散った斑紋が小さく、ぬめっとした無斑イワナに見える個体が多い。体側に斑紋がない分、パーマークが目立つ。体色は生息している場所によってさまざまで、白っぽいのもいれば、茶色っぽいのもいるし、真っ黒い個体もいる。黒部のイワナだからか、地元では「黒イワナ」と呼ばれることもあるらしいが、この川に生息している黒いイワナと白いイワナに種のちがいはない。いずれにしても、このひたすら青く透明なだけの流れのなかでは、どんな模様を身に着けたところでカモフラージュとはならず、かえって目立ってしまうだけだろう。黒部のイワナが、模様なしのフラットカラーを身に着けるようになったのにはそんな事情があるのかもしれない。

　黒部川だけでなく、北陸一帯に似たようなイワナがいるらしいが、これまた繰り返される放流のために、多くの川で混然一体となってしまっているらしい。

　この頃は地方都市に行っても土産物屋に並んでいるのは似たような物ばかりだが、長い間日本の自然科学者たちを悩ませてきたイワナからも多様性が消えてきているのだ。このまま無差別かつ無反省に養鱒場から川にイワナを放流しつづけたら、いつの日にか、日本に生息しているイワナがすべて「ユニバーサルイワナ」とでもいう一種に収斂《しゅうれん》してしまうだろう。あるいはこのまま温暖化が進行すれば、その前にあらゆるイワナが日本から姿を消し、後を追うように人間もいなくなってしまうというシナリオの可能性が高いとしても。

　北アルプスの奥の奥だからといって、釣り人が少ないなんてことはない。釣り人は魚がいさえすればどこへでも飛んでいく人種で、だから黒部のイワナもまあまあスレてはいた。ただし、雪解けが遅いために釣ることのできる季節はかぎられるし、高山帯の奥の奥にあるだけに天候が安定せず、釣り場に到達しても釣りにならないことが少なくない。また標高が高いために水温が上昇してイワナの活性が上がってくるタイミングも遅く、釣りになる時間帯も一般的な渓流よりもはるかに短い。

といったような大自然に守られた環境により、結果的に釣り人が釣り場に立つ総時間が少なくなり、訪れる釣り人の数ほどはスレていない、というのが私の推理だ。

*

そんな十年前の経験が忘れられず、昨年、自分の足腰が言うことを聞かなくなる前に、もう一度あの青く透き通った水を見てこようと思った。

Ｉマイも死んでしまったし、今回は仲間に迷惑をかけないようにと単独行に決めたが、前回とおなじルートというのも芸がなかった。というか、二日酔いで登った急登の苦しみがトラウマになっていて、もう二度とあの登山道を登りたくないというのが正直なところだったのだ。

国土地理院のデジタル地図を見て検討したところ、前回のルートがポピュラーな理由がわかった。あのルート以外に、入山したその日のうちに薬師沢小屋に行き着ける方法はないのだ。では、途中泊するとしたらどうだろうか。サラリーマンだった十年前とちがって、今は時間には余裕がある。

改めて地図を見渡した私は、蒲田川の左俣沿いに通っている登山道が、黒部川の最源流につながっていることを発見した。つまり北アルプスの西面（富山側）からではなく、東面（長野側）からアプローチするのだ。

距離が倍増するこのルートが、果たして現在の自分の体力を考えたときに現実的なのかどうか？　そう思案しながら地図とにらめっこしているうちに、早春に釣るだけでごくごく一部の区間しか知らない蒲田川の上流部を見たいという気持ちがフツフツと湧きあがってきた。

黒部の奥の廊下を逆ルートで再訪しつつ、次回以降の釣行のために蒲田川の上流部の様子を確認する。

なんと素晴らしい一石二鳥の計画だろう、と自分の思いつきに感心しきりの私は、肝心の体力のことは脇に置いて、さっそく実行計画を練り始めた。

東京の西外れに住んでいる私としては、使い慣れた中央道を西進するだけの長野ルートは、日本海側に大回りして富山へ入るというアプローチに比べて、時間、費用、体力的に有利だ。年齢と古傷を考えると明らかに難度の高いコースだというのに、気分的には逆に気楽だった。それはこういう計画だった。

前日泊：新穂高ロープウェイ登山者用駐車場で車中泊
一日目：新穂高ロープウェイ駐車場↓左俣↓わさび平↓小池新道↓鏡平↓弓折分岐↓双六小屋キャンプ場でテン泊
二日目：双六小屋キャンプ場↓三俣山荘↓黒部源流↓雲ノ平キャンプ場でテン泊
三日目：雲ノ平キャンプ場↓薬師沢小屋↓奥の廊下で釣り↓薬師沢小屋泊
四日目：薬師沢小屋↓雲ノ平↓三俣蓮華岳キャンプ場テン泊
五日目：三俣蓮華岳キャンプ場↓鏡平↓小池新道↓新穂高ロープウェイ駐車場

このルートの魅力は、一日目に登山道の起点から小池新道入り口までの約６㎞の左俣林道が左俣谷に寄り添うように奥に伸びているために、蒲田川上流部の下調べが容易である点、二日目に黒部川が生まれる瞬間の正真正銘の源流地点を見ることができる点、三日目にどの登山道からもその日のうちにはたどり着けないため、かつては日本最後の秘境と呼ばれた雲ノ平をこの目で見ることができる点、である。

地図を見ているだけでもワクワクが止まらなかった。ルート上の魅力はさておき、富山側からではなくわざわざ長野側からアプローチするというその冗長さが良かった。奥の廊下でたった一日だけ釣りをするために二日間登って二日間下るそのアプローチの長さにこそ、この旅の核心があるのだ。釣り場は遠ければ遠いほど、アクセスが悪ければ悪いほど釣りのロマンはふくれあがるものなのだから。

けれども、結果的にこの計画は失敗に終わった。行程の距離、装備品の重量、標高差を総合した難度と、私の体力の間に大きなギャップがあったのだ。

言葉を換えれば、私には過度の自信があったということだ。前々年の夏にイエローストーン国立公園北東部をトレッキングして、ラマー・リバーの上流部を六泊七日で釣った。三日間登りづくめで、一日だけ釣りをして三日かけて下りてきた。出発時、地面に置いたリュックは両腕で持ち上げることができないほどの重さだった。それでもトラブルなく、楽しく釣りをしてウェストイエローストーンまで戻ってきた。

黒部のプランはそれよりも二日短い上に、薬師沢小屋泊があるために携行食料の重量が少なく、かつ行動食が足りなくなったときには山小屋で調達できるから予備も減らせるし、一日の終わりにはビールが飲める（重量には無関係だとしても、笑）。総歩行距離は往復50㎞前後。そう考えると、このプランにムリがあるとは思えなかった（思いたくなかった）。

私の右膝が耐え切れなかったのは重量そのものというよりも、

標高差が与える過大な負荷だった。

　イエローストーンは標高２０００ｍという高地にある巨大な台地で、ピークを目指さない（釣りをしている）かぎり、どんなに目的地が離れていても標高差は少ない。前述のラマー・リバー上流部で三日かかった往路の上昇高度はおよそ８００ｍで一日平均わずか２７０ｍ。黒部裏ルートの上昇高度は２８００ｍで一日当たり９３０ｍ。しかも往路は上るだけのラマー・リバーとちがって、黒部は下りも多く、合計が１９００ｍ、一日当たり６３０ｍだ。往復の合計で９４００ｍの登り下りという数字は、私くらいの年齢で普段から山に登っている山屋でも、テン泊の荷を思うと楽とは言えない行程だろう。それを普段は釣りをしているだけで、山登りは年に一、二回、冬場のトレーニングもほとんどしない男ができるのか？　と自問して「ＮＯ」と冷静に判断できなかったところに、目の前に魚がちらついた釣り人の楽天さというか、無謀さがあるのだった。

　ただでさえ距離が長い上に下りも多く、五日間連続で酷使される右膝が耐えられるはずもなかったが、その五日間を長丁場と考えず、逆にのんびり行けると思った（思おうとした）のだからあきれる。結果的には長丁場なんて心配無用の二日間で、あえなく私の裏黒部プランは頓挫した。

　初日の夕暮れ、私のうしろを歩いていた登山者は少なかった。到着した双六小屋手前のテント場から小屋脇にあるトイレまでが遠く感じるほどに、私の膝は痛んでいた。

　翌日キャンプ場に停滞して一日休めば先に進むことはできたかもしれない。ただ問題は古傷の右膝をかばいながら歩いていたために、今度は左膝が痛み始めたことで、万が一、これ以上進んで、両膝が動かなくなったときのリスクを考えると、計画の続行は無謀だと判断した。

翌日の撤退中、弓折分岐への稜線の見晴らしの利く休憩地点で、私とおなじくらいの年齢に見える登山者が放心したような表情で南側の峰々を眺めていた。

私の右膝は休憩すると一時的に痛みが引くから、その登山者に遠慮しつつ、横に空いているスペースにリュックを下ろした。私のリュックを見るなり、その男が「テン泊ですね？」と聞いてきたのでうなずくと、やや自虐的なトーンで「私もですが、もうテン泊は、これを最後にします」と言った。

ああ、ここにも。やはり重荷にあえいでいるのだ。オレだけじゃない。悔しいけど、年には勝てないということなんだな。

男の気持ちが手に取るようにわかった私は深々とうなずき、「ぼくも、まさにそう思っていたところです」と返すと、男は少しだけ救われたような顔をして、「小屋泊は好きじゃないんですが、背に腹は代えられません」と言った。「背に腹は代えられない」という言葉に山屋の哀れさを感じた。そこに山があるかぎり、年を取っても山を登ることはやめられないのだ。私が釣りをやめられないように。

痛みつづける膝をかばいながらなんとか最後の橋まで下りてきたとき、太陽はすでに目の前にそびえる山の向こう側に隠れていた。一歩たりとも余分な歩行をしたくなかった私には、帰路の途中で川の様子を眺める余裕はまったくなかったし、敗残の思いが強すぎて釣りのことなど考えたくもなかった。その橋から川を見下ろしたのは釣り人にありがちな、単なる習慣によるものだった。橋を渡るときに、水面を見ないフライフィッシャーはいない。

そのイワナは直径50㎝くらいの石の裏側にできた鏡面状の水面近くに定位していた。そのときの私の反応はといえば、「ふーん、やっぱいるんだあ」程度のものだった。そんなやる気ゼロの私が欄干《らんかん》に疲れた体をもたせかけたとき、イワナはきわめてゆっくりとひれを動かして岩陰に消えた。気づかれたのだ。なにげなさを装って逃げるともなく姿を消す、大魚にありがちな賢く余裕のある行動だった。尺を越えているイワナが定位している姿を見ても、まったく釣る気のなかった私は特に残念とも思わなかった。ほんとうのところ、もう山も川も二度と来るもんか、くらいの気分だったのである。

3　釣りをする妖怪人間

失恋して、「もう二度と人を愛さない」と思った女性が翌年、新しい彼氏と愛し合うように、次の夏、私は二度と行かないはずの蒲田川左俣を目指した。バカみたいに大回りして、さほど大きな魚が釣れるわけでもない黒部くんだりまで行かなくても、ちょっと歩けば尺を優に越えるイワナがいるじゃないか。別れた彼氏を恨むのは、ほんとうは別れたくなんてなかった、という自分の本心を隠すための自己欺瞞《ぎまん》である。

今回は奥飛騨温泉の宿をベースにした二泊三日の釣りだ。ほんとうは夏の釣りはキャンプが楽しいけれども、蒲田川は左俣右俣共に上流部にキャンプ場はない。山を登って釣りをした後に、温泉に入って汗を流し、冷えたビールを飲む。まあ、やむを得ない選択だろう。前年の教訓から導きだされた冷静な判断に我ながら感心した私だった。

今どき夏のシーズン中に一泊３５００円の宿が存在していること自体が驚きだったが、その民宿にエアコンがなかったのは不意打ちだった。右肩上がりで温暖化進行中の日本にあっては、今どき北海道でさえエアコンなしでは夏を越せなくなってきている。しかも、今年の夏の暑さといったら記録的だ。

　確かに北アルプスの麓でエアコンというのも風情がないが、四畳半一間にパンツ一丁の裸姿で扇風機の風を浴びている老いた体のどこに風情があるというのだ。

　扇風機は首振りをオフにして真正面固定、風量は強。窓はもちろん全開にしているが、部屋の扉の向こうは洗面所への通路なので扉を開け放つわけにもいかず、空気がまったく動かない。そもそも窓の外を眺めても、風自体が止まっている。

　夕暮れに宿に到着して、温泉に入ってビールを飲んで早めに寝て、翌日は登山者らしく夜明け前から行動開始という計画だった。しかし現実はといえば、温泉に入って部屋でビールを飲んだら、飲んだ分だけの汗が噴出し、汗を流しにまた温泉に入りにいってビールを飲むこと三セット、気づいたときにはスマホ片手に畳の上で全裸で寝ていた。

　夏の朝は早い。翌朝、もちろんとっくに日は昇り、洗面所で顔を洗った私は、目の前の鏡を見てギョッとした。右頬全体にくっきりと畳目が残っているのだ。年を取ると、けがとかあざとか吹き出物とか、あらゆる皮膚変容の回復が遅くなる。

　恐る恐る右頬をなでた私は、その微妙な段丘が人間の皮膚であることを信じられなかった。母を人間、父をイグサに持つ畳男を思った私は、そのとき妖怪人間ベムの絶望を知り、「早く人間になりたい！」という叫びが、圧倒的なリアリティで私の胸を熱くしたのだった。

　私は寝汗を落とすためにもちろん朝風呂に入ったが、妖怪人間に身をやつしたとしても風呂あがりのビールを飲まないだけの正気は保っていた。

釣り場に向かう私は車の窓を開けて、冷たい空気を風呂あがりのほてった頬に浴びた。やっぱり温泉は朝風呂にかぎる、と未明の出撃予定に三時間ちかく出遅れた私はそう思うことにした。

とっくに日が昇っているとはいえ、山陰に隠れた谷間沿いの空気はひんやりしていて、そこには正しい北アルプスの朝があった。空は真っ青で、雲は一かけらも浮いていない。完全無欠なピーカンの夏日。山奥のイワナ釣りにかぎっては、森のなかに明るい光が差し込むピーカンがいい。夏山のなかで釣りをしているという開放感に満ち満ちている。

こうしてようやく釣りモードへとギアチェンジした私だったが、現実は常に厳しい。前回車中泊した登山者用の第五パーキングが満車だったので、私は第六パーキングへ向かった。前年、事前にネットで検索した際に、新穂高駐車場マップというわかりやすい簡略地図を見つけた。その地図で見ると登山道の入り口までの距離は第五パーキングと第六パーキングにはほとんど差がないように見える。確かに平面上の距離は変わらない。まさかそこに１００ｍ以上の標高差が存在しているとは思わなかったのだ。

第六パーキングに車を止めて歩きだした私は、行く手の正面にロープウェイ駅の案内が現れたことで自分が置かれた状況を悟った。ロープウェイの駅一つ分を降下しなくてはならなかったのである。

この標高差１００ｍ強の降下に要した時間はおよそ三十分で、その間にかいた汗の量はビール一缶くらい。どうせ妖怪人間なんだから、遠慮せずに朝風呂の後に軽くビールを飲むべきだった。

全身汗だくで新穂高登山指導センター前に降り立った私は、自分が記入しているのが下山届ではなく、登山届であることに大いなる疑問を感じた。

それにしても気がかりだったのが、帰路のことだった。釣り終えて疲れきった体で、あの１００ｍの標高差を登り直せというのか？

ムリ、とそう確信したとき、私は自分がロープウェイの入り口に立っている事実を思いだし、ならば駐車場に近い駅まで乗って帰ればいいじゃん、というとんでもない名案を思いついたのだった。初めからこの状況がわかっていれば下調べくらいして、最善の方法として選択肢の筆頭に挙げていただろうが、そのときの私は自分のひらめきを天才的だと思った。

駅の時刻表を確認すると、最終が四時ちょうどであることがわかった。思った以上に早い。ややがっかりしたが、あの登山道を登り返すことを思えば、早あがりもやむを得なかった。登ってかいた最後の大汗が引かないうちに宿に戻り、またまた温泉で汗をかき、またまたビールを飲んで、畳に転がった翌朝に妖怪人間に戻ってしまうという悪魔的なシナリオを私は怖れた。

時刻表を確認したり、あれこれしているうちにすでに時刻は9時半をすぎている。高く昇った太陽からは出遅れ感が溢れでている。源流のイワナはスロースタートがちょうどいいくらいだ、と自分の置かれた状況を例によって必要以上に楽観視した私のこころの支えは、この目でしっかりと目撃した尺上イワナの存在、そしてなによりも釣り人の少なさだった。

前回登山道を往復した際に、私は一人として釣り人の姿を目撃しなかった。それは車で行くことができない山奥だけで楽しむことができる、美しくも正しい渓流の姿だった。今回も登山者は多いけれども、釣り人らしき姿はない。山登りついでに竿を振るエサ釣り師も高齢化して数が減っているんだろうな、と私は自身の高齢化を棚にあげてそう思った。

登山道を登っていくと、いったん川は見えなくなり、二十分程度の歩行で再び並行するようになった。

目指していたのは例の橋だったが、いかんせん出遅れすぎている。道半ばで時計を見ると、時刻は十時すぎ。橋まではあと三十分くらいの歩行だ。さすがに寝坊の山奥のイワナであっても、すでに朝食タイムとなっているはずだ。帰路の行程を考えると釣りができる時間はせいぜい四時間程度。最終のロープウェイに乗り遅れるわけにはいかない。

エアコンさえあればこんなことにはならなかった、と宿を恨みたいところだが、一つだけ言い忘れていたことがあって、じつは宿のおかみがとてもいい人だったのだ。

彼女は外側だけを取り繕ったホテルマン的な営業スマイルの対極をいく、真のこころの美しさとでもいうのか、接しているこちらのこころが洗われるような応対をする人なのだった。そんな人物に向かって、二泊目のキャンセルを言いだすなんてことができるはずもなく、昔はみんな扇風機をありがたがっていたんだ、と私は逆に自分の忍耐力のなさをたしなめたのだった。

で、忍耐力のない私は、結局橋まで行かずに適当な所から釣り始めることにした。

登山道から脇道のように伸びている踏み跡をたどっていったら、その先に吊り橋があった。そこでリュックを下ろし、顔を含めた頭部全体から吹きでている大量の汗を拭き取ってから、釣りの準備を整えた。そして、リュックを背負い直した私が一歩を踏みだし、いざ川に下りようとしたまさにそのときだった。ふいに一人の釣り人が吊り橋の下から忽然《こつぜん》と姿を現したのだ。それはまるでコメディか漫才を見ているような、ほとんどありえないほど完璧なタイミングで、その釣り人がかぶっていた青いヘルメットさえ、不思議にコミカルに見えた。

私は吊り橋の脇から、そのルアーマンのうしろ姿を追った。かなりの速さで岩を巻いては上流に向かう。沢登りついでに釣りをしているという風情だ。もう少し丹念にポイントを探らないと魚は釣れないよと否定的な見方をしたのは、もちろんそんな速さで遡行されたら、橋下のポイントを先に釣られてしまうからだった。

私はすぐさま登山道に引き返して橋へと急いだ。登り坂もやる気になったら、こんなに早足で登れるんだ、と私は自分の内に秘められた驚異的な身体能力に感嘆し、同時にいかに普段やる気がないかを思い知ったのだった。

三十分ちかくかかるはずのところを、五分以上短縮して橋の下に降り立った私は、それでも川下を気にした。

あの大岩がゴロゴロと転がる川のなかを釣りながら遡行すれば最低でも一時間はかかる。現時点での私との時間差は最低でも約三十分以上あると思われる。万が一、登山道を早足で登った私に追いつくのなら、私が見たのは人間ではなく、鮭並みの遡上能力を持ち、オスメスかまわず手当たり次第に体当たりして源流を目指すという鮭男にちがいない。

鮭男と畳男による北アルプス妖怪頂上決戦を避けるべく、私は急いでフライングアントの＃16をティペットに結んだ。

あまりに気がせいていたために、橋の上から肝心のポイントを確認するのを忘れてしまったし、そもそも前年に比べると水量がかなり少なかった。記憶にある沈み石と似た形状をした石が水面に露出していたが、その周囲に魚がついていそうなスポットはなかった。その一帯でもっとも水深があるのは、左岸側の橋桁を洗うように流れ下る深瀬とその奥の小さな淀《よど》みだった。

周囲は光に溢れていて、橋の下だけに影がある。しかもその小さな淀みには反転流ができていて、もしイワナがいるとすれば、ここしかないというポイントだった。

下流側からポイントに近づいた私は、いったん流心を渡って右岸側から正面に見えている橋桁とその奥の淀みを見つめた。

――ここぞというポイントを見つけたら、すぐには投げないでしばらく眺めて変化を探せ。

これは私がアメリカで暮らしていた頃にブルー・リボン・フライズのクレイグ・マシューズから授かった貴重なアドバイスである。この言葉を思いだして水面を見つめると、不思議なことになにかしら変化が起こることが多いのだ。あるいは変化は私の想像以上にあちこちで起きているのに、ブラインドで釣り上る私の目がそれを捉え切れていないというのが実態なのかもしれない。

そしてその教訓は今回もその正しさを証明したのだった。暗がりに慣れてきた私の目に、巻き返しに浮いたバブルが見えてきた。見つめつづけていると、ふいにその泡がほんのわずかにくぼんだ。その変化は、ただ眺めているだけではなく、しっかりと見つめていなければ目視できないほどに微細な変化だった。

私は、もう半歩だけ淀みに近づいた。

そして見つめた私の目の前で、またおなじ程度に水面がくぼんだ。まちがいなく魚だ。

大物が、水面に浮いている小さな補食物を吸い込むとき独特の静かな所作。あの大イワナにちがいない。見つけたのだ。苦しみ抜いたあの帰路の最後にふいに目の前に現れた大イワナが、今年もまた私の前に現れてくれたのだ。そのことが単純にうれしかった。

釣る気ゼロ以下の前年とちがって、釣り気に満ち満ちてはいたものの、どうやって釣るかと考えたとき、これはなかなか難しい状況ではあった。

素直に淀みの反転流にフライを落としても、手前の速い流れにティペットとリーダーが引っ張られて、あっという間にドラッグがかかり下流に流されてしまう。

こういったケースで、これまで私はティペットを長くして対応してきたが、キャスト方法と流し方が未熟で、勝率は明らかに50％を切っている。

目の前のイワナは捕食の雰囲気からして、かなりの老練であると予想でき、それだけに一回でもティペットが引っ張られてフライが不自然な動きをすれば、それでゲームオーバーとなってしまうだろう。上流側に立って、反転流のなかで下流側を向いているはずのイワナの前にフライを落とせればそれがベストだが、深瀬の上流側はかなりの水深で立ちこめそうにない。

そのとき思いだしたのが、前年に北海道でアメマスのライズを釣ったときのことだった。

今回と似たような状況で、私は淀みの下流側にある深瀬の流れ出しに立ち、ストレートに反転流にフライをいれて、ライズに送り込むように流して成功した。

目の前の深瀬も５ｍ程下流に下がれば立ち込める深さになっているように見える。いずれにしてもそれ以上近づくとイワナの視界に入ってしまうから、そのあたりの距離が限界だろう。戦術を決めた私は、極力流れを攪拌《かくはん》しないように忍び足で下流側に移動し、左岸ぎりぎりに立ち込んだ。

ライズしている淀みまでの距離は６～７ｍしかないが、下流側の流れが荒れている上にちょうど中間点辺りに沈み石があって、私の姿は魚の視界には入っていないはずだ。

ところが、いざそのポジションに立ってみると、橋の向こう側からの光が逆光になってしまい、光った水面の様子が今一つはっきりしない。これではライズが見えない上に、魚がフライを吸い込んだ瞬間が目視できない。ただでさえしっかりと見つめていなければわからないあのライズは、その瞬間を見て合わせないかぎりはチャンスはない。

困った。周囲をもう一度確認したが良い方法は思いつかない。次の手に詰まった私は、仕方なく上流側に歩を進めて、ポイントに近づいた。逆光の角度が変わった。もう少しで見えそうだが、あと半歩で沈み石だ。あの石の前にでるわけにはいかない。

私が沈み石ぎりぎりに立ったとき、ふいに周囲の光が陰った。雲だ、さっきまで快晴だったのに。

強い光を反射していた水面が、カメラレンズに偏光フィルターをつけたように黒々と見えてくると同時に、私の目が小さなライズを捉えた。タイミングを計りたいところだが、いつ雲がなくなるかわからないから、そんな悠長なことは言っていられない。

バックを確認するために振り向いたとき、私の視野の端に青いなにかが見えた。

信じられない思いで時計を見た私だったが、男を見てから四十五分しか経過していない。私は先行者や後行者を見たときいつもそうするように、見なかったことにしたが、じっさいのところうしろのことを気にしている余裕はなかった。

バックキャストをして、一投で決めた。と言いたいところだが、もちろんいつものように手元が狂ってフライは流心側に落ちた。流心側なら、どれだけ失敗しても大丈夫だと自分を勇気づけた私が、フライをしっかりと反転流に乗せることができたのは四投目だった。

#16フライングアントのＣＤＣウイングが上流側に向かう流れ

に乗って揺れている。手前の流れが緩いために、フライを引っ張ることもない。めずらしくも、計算どおりの理想的なドリフトだった。

　イワナは先ほどまでのライズとおなじ所作で、フライにライズした。ゆっくりと合わせると、ズシリという重みが伝わってきた。デカい。魚はたちまち流心に突っ込んでいき、流れに乗ってあっという間に私の脇をすり抜けて下流のザラ瀬を下っていった。

　浅瀬で太々とした背を露出させ、飛沫《ひまつ》をあげてさらに下っていくイワナは確実に尺はある。

　いつもだったら慌てふためくところを、私がきわめて冷静だったのは、傍観者の目を意識していたからだ。あんな人間離れのとてつもない速度で遡行したら、魚は釣れるはずもない。魚はこうやって釣るんだ、という見本を見せつけるような気分だったのだ。

　イワナは早瀬の下の小さな淵に入った所で動きを止めた。ロッドを立てて寄せると、さすがに疲れたようで、最後はあっさりと体を横たえてネットに入ってきた。

　私はネットのなかであえいでいる、そのメスのイワナの美しさに圧倒された。

　イワナにはいろいろな外観的な個性があって、釣り上げた後の鑑賞会が楽しいが、「美人だ」と思ったメスは記憶になかった。美しいメスはいる。ただ、そのメスにはどこかしら人間の女性の気配があったのだ。

　話の展開の都合上、私がこのイワナを妖怪岩魚女と呼ぶだろうな、と予想した読者には申し訳ないが、そのイワナは妖怪と呼ぶにはあまりに美しすぎた。逆に、世の女性がいろいろな意味で変幻自在の妖怪的要素を備えているという事実を踏まえれば、人間の女性よりもかえって人間的と呼ぶべきだった。

私がその美しいイワナをいつも以上に丁寧に扱ったのは、そこに女性を感じたからだったと思う。人間世界でしばしばため息混じりに語られるように、やっぱり美人は得をするようだ。じっさいのところ、私はこの魚を完全無傷の状態で川に戻さなければならないというプレッシャーを感じていた。

　手元から無事に流れへ戻っていったときには、いつものしてやったりという達成感ではなく、むしろほろ苦い悲しみが胸を満たした。そのときの感覚は、明らかに自分には不釣り合いな美女とのデートで、次はないだろう彼女を家に送り届けたときのうら悲しい感覚に似ていた。

　良い型の魚を釣った直後にいつも思うように、「今日はもうこの一匹で十分だ、最終ロープウェイを待つこともない」と思った私だったが、もちろんいつも結局そうするように、「せっかくだからもう少しだけやっていこう」、と足を上流に向けようとしたとき、下流側の視界に青いものが揺れた。美女に夢中になっていて、すっかり鮭男のことを忘れていた。そういえば、と思いだして下流を見ると、そこには青いビニールシートの切れ端が水流にもまれて揺れていた。

「妖怪の正体見たり、枯れ尾花」

　そう呟《つぶや》き、ギラつく太陽に向かってほほえんだ私は、ふと自分の右頬が気になって濡れた手で触れてみた。どうやら私も変身を終えて人間に戻ったようだった。

イワナの愛

1　山形からの電話

これまでに一度だけ「もう釣りはやめよう」と思ったことがある。そのときの話だ。

　梅雨入り直前のある晩、私は寝台特急あけぼのに乗り込んだ。行き先は酒田。大学時代の友人である根本が私の名前を釣り雑誌で見つけて、連絡してきたのだ。

「オマエ、いつからフライをやっていたんだ？」

　私が電話口にでるなり、根本はとてもうれしそうにそう聞いてきた。

「人生に絶望したときからだ」

「おまえは昔からそういうキザな言い方をするがなあ、人生に絶望したヤツが釣り雑誌につまらん記事なんか書くか？　たっぷり未練があるんだろうが。絶望しているのは釣りの腕前じゃないのか？」

　根本は再び、うれしそうにそう言って笑った。

「そういうオマエこそ、なんでフライフィッシング専門の雑誌なんて読んでるんだよ。いつ始めたんだ？」

　釣り好きの根本がフライフィッシングに行き着いたことを当然の帰結のように思った私は、まったく驚くことなくそう聞いた。

　最後に顔を見てから三十年ちかくが経っているはずだ。池袋の安酒場で飲んだくれては、江古田にある彼の下宿に転がり込んでいた学生時代が、瞬く間に頭のなかにひろがっていった。

「浮気がバレてからだ。約束したんだ、もう人間は相手にしないって」

　根本は背が高く、ルックスのいい男で女にモテた。昔でいうところのシティボーイで、だからそんな男が釣りをやると知ったときには驚いた。私たちが所属していたのは音楽関係のクラブだった。釣りという外遊びのジャンルとは対極にあると感じていたから、おなじ趣味を持つ男が仲間内にいるとは思わなかったのだ。そんな彼の案内で中央線に乗って、猿橋にヤマメを釣りに行ったことがあった。二人ともハヤしか釣れなかった。そしてその後、大学を卒業し、それ以降私たちは一度も会っていない。

「なあ、来いよ、こっちに」

「こっちって、どこだ？」

「酒田だよ」

「なんだ、オマエ、今山形にいるのか？」

「ああ、飛ばされた」

「社内恋愛の懲罰《ちょうばつ》というわけだ」

「バカいうな、もうそっちの方はやっていない。ちょいとな」

根本にしてはめずらしく言いよどみ、口を濁した。

まあいい、こういった話は、現地に行ってからでいい。釣り場から戻り、酒をくみ交わしながら、夜明けまで語り合えばいい。ともかく会いに行こう。

「わかった、行く。で、いつ行けばいい？」

「いつでもいい、かならず釣らせてやるから、オマエの都合のいいときに来いよ」

だからもちろん私は翌日、新宿駅のみどりの窓口に並んで、翌週末の列車を予約した。

2　タイムマシンは寝台特急

窓の外を雨滴が一筋、垂れ落ちていった。窓に額をつけて空を見上げると、細かな無数の雨粒が夜を覆い始めているところだった。週末の東京は雨の予報で、酒田も同様だった。大きな雨雲に東日本全体が覆われている。釣りになるだろうか？　と心配はしたが、久しぶりに旧友に会いに行くと思えばいい。釣りができればラッキーだ、くらいの気分で。普段から、雨の日に自分を慰めることには慣れているのだから。

　車両がきしむ大きな音がして、思いの外重々しく列車は出発した。黒煙と蒸気こそ、今やあきらめるしかないが、列車が出発するときの息を詰めるような重量感こそが、乗り込んだ旅人たちが出発地に置いてくる日常の重みそのものなのだ。

　ガタン、と小さな衝撃と共に列車が動きだしたとき、私の気持ちに変化が起きた。勢いよく窓を滑り落ちる雨粒を見つめながら、雨が降るからこそ雨があがった後に見上げる空があんなに青いんだ、雨が降るからこそヤマメが元気づくんだし、アマゴは雨子と書くじゃないか、絶対に釣らせると根本が言った川は、ヤマメの川なのか、イワナの川なのか、長らく雨が降っていないらしい山形の川に降るまとまった雨は、ひょっとして噂には聞くが、一度も体験したことのない爆釣雨ではないのか？

　つい先ほどまで旧友と再会できればそれでいいと思っていたはずが、いつの間にか釣りモードに切り替わってしまった自分に気づいた私は、暗い窓に映った自分の暗い影を見て、苦笑いを漏らさないわけにはいかなかった。

　酒田に行くのなら、羽田から庄内空港に飛ぶのが手っ取り早い。飛行時間は約一時間。水平飛行の時間がないほどに短いフライトである。雲の上に上がって、コーヒーを飲んで、雑誌を眺めていると、飛行機はたちまち降下を始めてしまうだろう。

　二人の間に流れた時間を思うと、わずか一時間で再会してしまう空路は味気なさすぎた。かといって高速道路というのも、いつもの釣りとなにも変わらず面白みに欠ける。ならば、たまには鉄道を使ってみようか、それも新幹線ではなく、寝台特急を。共に生きてきた昭和という時代を遡るには、時間のかかる寝台特急がふさわしいのではないか、たまには釣りの旅を演出してみるのも面白い趣向ではないか、と考えたのだった。

　私たちが通過してきた二十八年という年月は、放たれた矢のごとくに空を切って進んだ。そうはいうものの、覚えている記憶の断片一つ一つを振り返ってみると、それはまるで前世の記憶に思えるほどにとおい。そして青年期を思いだすときに、決まって溢れだしてくるせつなさに満ちている。

　たとえば、今まさに私は客車の寝台に寝そべってｉＰｏｄのホイールをタッチしているが、学生時代におなじ音楽サークルに所属していた根本が発売当日に買ってきたのはソニーのウォークマンだった。大学のキャンパスを彼女と二人で周囲の雑音を遮断してかっぽする姿はかなりイケていた、いや、あえて当時の言葉で言うと、ナウかった。一つのプレーヤーに二つのヘッドフォーンをつないで、カップルが二人だけの世界を楽しむ仕掛けはきわめて斬新だったのだ。

　私には一緒に聞く相手がいなかったからウォークマンは必要なかった。そして、今もこうして一人で音楽を聞いている。

　そうやって私は寝台に横たわったまま過去に思いを馳《は》せ、北に向かうにしたがって、時間が逆行していると思い込もうとした。じっさいその試みは半ば成功した。記憶が記憶を呼び、根本やその他の仲間たちは閉じたまぶたのすぐ前までやって来た。みな、とてつもなく明るかった。当時は自分たちが若いなんて思っていなかった。そこがやっぱり若かったと、今になってわかる。

　そして私はほんとうに二十八年前のままの姿形の根本が酒田駅

の改札に立っているＳＦじみた想像さえしながら、眠りがやってくるのを待った。

列車は規則的に揺れ、知らない駅でときどきとても長い休憩をして、また出発することを繰り返しながら北を目指した。東北は、文字どおり、道の奥だったのだ。

目が覚めたとき、列車はピンク色の暁光のなかを突っ走っていた。

3　異端者の十字架

根本は酒田市の営業所に単身で赴任して以来、シーズン中は毎週末フライロッドを振っているということだったが、タイが釣れていると聞けば海に繰りだしてルアーを投げ、ヒラメが釣れていると聞けば乗合船に乗り、２月になれば三陸まで横断してヒカリを釣る、一年中が釣りシーズンのよほどの釣りキチであるらしい。

少年時代に父親に連れられて川へ、海へと釣りに行き、劣情と痴情にそそのかされた青年期を除いて、ずっと釣りをしつづけて、やがてフライフィッシングにのめり込む。私とまるっきりおなじ歩みで、どうやらこういった趣味には、ハマる年齢と手順のおおよそが決まっているらしい。

ただ、常々感じているのは、釣りといってもフライフィッシングにしか興味がない私のような男と、魚であればなんでも釣りたい男の間には、見えない一線があるという点だ。

根本のような全方位的釣り人は、フライフィッシングを魚を釣るための一手段として認識しているが、だからといってフライで釣れないからヤマメをエサで釣る、というふうにはならず、やっぱりそこにフライフィッシングの面白みを感じているから、渓流のシーズン中はフライで通すわけだ。

一方で、私は常々フライフィッシングそのものが目的であるように感じている。フライフィッシングがしたいがために、魚を釣っているというパラドックス状態なのだ。本音を言えば、生きている生物を相手に遊びたくはないという気持ちがあって、ハリ先を折ったフライで釣りをするフライフィッシャーの気持ちもよくわかる。

そんな私にとって、バーブレスフックを使用したキャッチ＆リリースは、ポリシーというような甘ったれたものではなく、フライフィッシングをつづけるための生命線なのである。

もちろんこれは私自身にかぎっての話だ。キャッチ＆イートの釣り人と私の間に見えない一線があるだけのことで、どちらかが正しいなんてことがあるはずがない。バーブレス派ＶＳバーブ派、キャッチ＆リリース派ＶＳキャッチ＆イート派の論争は、ほとんど接点のない宗教論争のようなもので、そもそも向いている方向がちがう同士がわかりあえるはずがないのに、そこをお互いが十字軍になったように主張し合うから、戦争になる。

と、キャッチ＆リリースを生命線と言っておきながら、じつは私には大いなる矛盾がある。それは写真撮影だ。美しい魚の写真が撮りたいという衝動が抑え切れないのである。

プロフェッショナル・フォトグラファーでさえ、満足のいく一枚の写真を撮るために、１００回以上シャッターを切る。それをシロートが真似するのだから必然的に時間がかかり、魚をいけすのなかで十分以上監禁してしまうことも多い。理想的なのは水通しの良い所に作った石囲いなのだが、そうそうこちらの都合で魚は釣れてはくれない。魚をリリースしても、すぐに流れに戻っていかずに、近くのたるみで休んでいることもままある。

というわけで、キャッチ&リリース派の私は異端者のそしりをまぬがれない。教義に背くとわかっていながら、その背徳的な行為をやめられない私は、常に罪悪感という重い十字架を背負って釣りをするしかないのだ。

4　左遷の理由はバンブーロッド

私は改札口の向こうにかなり髪の薄い中年男を見つけ、少し迷った。根本にしたところで、私を確認してというよりは、ロッドチューブを持った中年男に向かって手を振ったような感があった。

　酒田駅から小一時間、車はわだちにたまった泥を跳ねあげながら、狭い林道を駆け上がっていった。私たちは会わなかった二十八年間に釣りしかしてこなかったかのように、魚や釣り場のことばかりを語った。唯一の例外は、学生時代の仲間の消息についてだったが、それにもやっぱり釣りが絡んでいた。

　大学時代の音楽サークル仲間に照井というワーグナー狂いの二年後輩がいたが、卒業した翌年、相模沖で乗り合い船に乗って釣りをしている最中に、浮上してきた海上自衛隊の潜水艦に沈められて死んだ。翌日大々的に事故を報じる新聞の一面に、彼の名と顔写真を見て愕然《がくぜん》としていたところに、根本から電話があって、見たか、見た、のやり取りのあと、じつはアイツと東京文化会館にワーグナーを聴きにいったことがあった、と言って、指揮者の名が思いだせない、誰だったか斎藤秀雄一派のオザワじゃなくて、と言って小さくうなっているように聞こえたが、泣いているのだった。釣りをするなんて知らなかった、と。

　目的の川に到着し、外に出てみれば、まるっきり豪雨といっていい吹き降りであった。噂に聞く爆釣雨にしては、強すぎはしないか。

川といっても、林道から見下ろす谷には葉の重なりが見えるばかりで、水面は驚くほど下に見える。空を見上げれば、これまた恐ろしく暗かった。

根本は林道が杉林と平行してきた辺りで車を路肩に寄せた。杉がゆさゆさと揺れ、大粒の水滴がばらばらと車の屋根に落ちてきて大きな音を立てた。根本はシャツのポケットからタバコを出した。火がついた途端、私はその香りを思いだした。ゴロワーズ。フランスタバコだ。

「ちょっとそれ」

私は根本からパッケージを受け取った。ふくろうのトレードマーク。そうだった、徹夜でマージャンをしたとき、根本はさかんにゴロワーズをふかして、オレは夜行性だから強いんだ、とか言っていた。じっさい、根本はマージャンがうまかった。

「まだ、売ってるんだ、このタバコ」

「なあ、どんなフライを使ってるんだ？」

根本は私の興味を無視して、そう言った。少し感傷的になりすぎているようだった。旅する者と旅人を受けいれる側にはいつだって大きな気分的な隔たりがあるものだ。昔話は今夜の酒のさかなに取っておこう。私はちょっと反省するような気分になって、根本の質問に答えた。

「場所にもよるけど、たいがいはアダムスパラシュートで始めるかな」

「そうか」

根本は後部座席に置いたタックルバックからホイットレーのフライボックスを引っぱり出して、コンパートメントの一つを開けた。

「この川は、今これなんだ」

断定的にそう言ってフライを取り出して私に見せた。グリーンパートリッジのドライフライ・バージョンといったところだろうか、ずいぶんと大きくて、＃12かあるいは＃10かもしれない。

「これがいいのか？」

「これがいいんだ」

「そうか」

「そうだ」

手のひらに載った大きなグリーンフライは繊細なところが一切なくて、いかにもストレートな性格の根本が巻いたフライらしかった。

「やっぱりロッドはバンブーか？」

根本は私にそう聞いた。

「ああ」

「見せてくれ」

根本は、私の答えを待たずに後部座席に横たわっているロッド・チューブに手を伸ばした。

銀色に光るチューブから出てきたアロナーロッドは薄暗い車内に差し込んでくる淡い光に濡れたように鈍く光った。手にした根本はバットに施されたゴージャスな飾り巻きを見てうなり、そのまま沈黙した。また杉の枝から大粒の雨滴が落ちてきて、屋根を鳴らした。

「少なくとも、見栄えはするだろう」

私はそう言った。自分のロッドを自慢する趣味はないし、釣り道具一つに数十万円も投資することを、今の私はどちらかというと恥じている。

「オレのはな」

根本はそう言って、またうしろに腕を伸ばすと、今度は自分のロッド・チューブから竿を引き出した。

一目見てすぐにわかった。

「フリースか」

「気に入ってるんだ」

マーク・アロナーとビヤーネ・フリースはどちらも現役の竹竿職人だが、竿の方向性はまるでちがっている。フリースの竿は腰が柔らかくてクロート好み、アロナーは硬すぎて日本の渓の規模ではバットが曲がり切らない。正直なところ、やや使い勝手が悪い。それでも私が愛用している理由は、やっぱり見栄えだ。写真を重要視する私には、釣り道具というよりは撮影の小道具的なアイテムなのである。

再びアロナーロッドに持ち替えた根本はダッシュボードから眼鏡を取り出した。どうやら老眼鏡らしいが、言い訳をせずに、今度は竿に目を近づけて、塗装面をなめるように見た。

「いくらだ？」

根本の口調が熱く湿ってきた。私は少し息苦しくなって、窓の外を見た。雨はさらにひどくなってきているように思えた。

「さあなあ、アロナーはビジネス的にはかなりテキトーで、最近は注文しても送ってこないらしいぞ。お金は後払いだから、ソンはしないけどな」

「で、いくらなんだ？」

「オレが買ったのは十年前だからなあ」

風がうなっている。ふいに、自分はいったいここになにをしにやって来ているのだろうか、という思いが湧きあがってきた。

「十年前か」

根本は夢から覚めたように、竿から目を離した。窓の外を見つめる私の視線を追うようにして、いよいよ激しくなってきた雨を見つめた。

「ああ、早いもんだが、そんなに経った」

私は揺れる杉林を見つめながら、小さな声でそう言った。

「オレがここに飛ばされたのとおなじころだ」

「十年もいるのか」

「もう東京に戻ることはないだろうな」

「希望をだしてもか？」

「使い込みをしたヤツの希望を聞く会社なんて聞いたことないだろう」

「使い込み？」

「ああ、ほんの少しばかりで、ボーナスで払える程度のハシタ金だったが、使い込みは使い込みだ。バレたが、上司が情け深い男でね、クビにならなかっただけ幸運だった」

ひょっとすると、根本は今までこの話をする相手がいなかったのかもしれない。だとすれば、告白したがっているはずだ。少しでもすっきりさせるためには、はっきりと聞いてあげたほうがいいのではないか。私は誘い水を向けた。

「女か？」

「いや。そっちはもうやめたと言ったろう」

根本はまたうしろに腕を伸ばして、古びたロッド・チューブを私に突き出した。細身のチューブには見覚えがあった。私はキャップを回して、布袋を開けた。

美しいアメ色のシャフトが見えた。

「ボーナスまで待てばよかったんだが、こういうのってそうそうこっちの都合で、でてくるものじゃないだろう」

根本はペインロッドを横目で見ながらそう言った。私はロッドに目を近づけて状態を見た。大切に扱われながらも、しっかり使い込まれた形跡があった。瞬間的にこころが動いた。もう竹竿は買わないと決めている。けれども、状態の良いペインがあったなら、という思いは、永遠に私のなかでくすぶりつづける熾《お》き火のようなものだ。きっかけさえあればすぐにめらめらと燃えあがってしまう。

「いくらだった？」

私の口は自動的にそう動いていた。

「七十七万だった。オレにとってのアンラッキーナンバーだ」

私は念のために訊いた。

「悪い思い出を忘れるためにも、手放したらどうだ。たとえば八十万くらいで」

「オマエ、人生に絶望してるんじゃなかったのか？」

私は根本のその言葉を聞き、ペインをあきらめ切れない哀れな自分の煩悩に改めて絶望したのだった。

ふいに根本は窓の外を見つめて、

「さてと、やるか」

と言った。

雨はまったくやむ気配を見せていなかった。

「濁ってないか？」

「濁らないんだ、この川は。そしてこの時期、雨が降れば降るほどよく釣れる」

「そんな川ってあるもんか」

私は手にしたペインを見つめながら、根本の口調の真剣さに対抗するようにそう言ったが、爆釣雨という言葉が頭のなかに浮かんでもいた。

「言ったろう。絶対に釣らせてやるって。今日のこの雨はオマエのために降っているようなもんだ」

　根本は私の手からペインを取り戻し、チューブにいれながらそう言った。私たちはハッチバックの狭い空間を屋根代わりにして準備を始めた。雨を避けることは無理だった。手が濡れて、腕が濡れた。レインジャケットを着てウェーダーをはいても、全身が水に漬かった気分だった。

　ハッチバックが閉じられ、私たちは雨に打たれながら杉の木立のなかに足を踏みいれた。林のなかは、林道以上に暗かった。夕暮時のような暗さのなかに、私たちの踏む枯れ枝が音を立てた。植林された地域で、適度な間隔で植えられた杉の間に空いている地面は柔らかく歩きやすかった。風が吹くたびに、葉からこぼれる大粒の雨だれが降りかかってきた。杉林が途切れ、眼下に白い流れが見えてきた。根本が言うとおり、濁ってはいないが、水量が心配だった。依然としてかなりの高度があった。

　前を行く根本の赤いリュックと足元を交互に確認しながら、ときどき葉陰の向こうに見えている空を見上げた。空は明るく見えた。決して天気が回復してきているわけではない。それだけ川辺が暗いというだけの話だ。背たけほどの草むらを両手でかき分けながら、私たちはしとどに濡れ、ときどきぬかった斜面に足を滑らせ、少しずつ高度を下げていった。

　ようやく川原に下り着いた私は辺りを見渡した。川幅およそ5m足らず。岸辺に張りだした木々が激しく揺れていた。川面には気ぜわしく小波が立っていた。根本のツバの大きなレインハットが盛大に大粒の雨を弾いていた。

　上流のさらに向こうに目をやれば、轟々《ごうごう》と風に鳴る山腹が大波のようにうねっていた。私は何度か帽子を飛ばされそうになった。

釣れるなどとは思ってもみなかった。私たちは釣り人同士の再会に伴う一種の儀式を執りおこなっていると思っていた。だから根本が前に出て竿を振り、一瞬後にフリースロッドが半月に曲がったときも、飛沫をあげながら中型のヤマメが寄ってきたときも、どこか現実感に乏しく、なにかのまちがいか偶然だろうと思う気持ちが強かった。そもそも、こんなむちゃくちゃな吹き降りのなかで川辺に立っていること自体に非現実感が強い。

　私は根本のフライに一番似て見えるだろうエルクヘアカディスのグリーンボディをティペットに結んだ。指先を大粒の雨がたたいた。キャスト前からすでにフライはびっしょり濡れていた。私はベストの内ポケットからセームシートを出しかけたが、焼け石に水だと思ってやめた。仕方なくフライに息を強く吹きかけて水気を飛ばし、シマザキのパウダーをまぶした。

　最初フライは浮いて、はっきりと見えた。私はキャストを繰り返して、ポイントを探っていった。しかしどうにも集中できない。それほどにひどい雨なのだった。やがて雨滴の直撃を受けたフライがよろけ始めて、次第に浮力を失っていった。フォルスキャストで水気を飛ばすが、フライは激しい雨のなかを往復しているのである。乾くことはない。

　私は根本を振り向いた。オリーブグリーンのレインハットを深くかぶった根本は落ち着き払ってタバコを吸っていた。まるでいつかの日々の雀荘でのテンパイタバコのように、ゆったりとゴロワーズの煙を吐き出していた。特徴のある匂いが渓のなかに漂った。

　根本はタバコを持った手を動かして、私に先に進むよう促した。ちょっと前に根本が最初の一匹を釣ったのは流心だった。私も流れの中央にフライを浮かべた。フライは一気に流れ下り、何事もなくたちまち私の足元までやって来た。何度やってもおなじことだった。これほどの流速のなかから魚が出てくる方がおかしい。

　やがて私はほとんどお義理でロッドを振っているような状態になった。もう儀式は終わりにしようよ根本、と、こころのなかで呟きながら。

　すぐ背後にゴロワーズの匂いがして、根本の声がした。

「代わろう」

「ああ」

　私は少しほっとした気分で根本を先に行かせた。空を見上げた。少しだけさっきよりも明るくなってはいるような気がした。

　すぐに根本のロッドが曲がった。フリースの竿は雨に打たれつつ、なお水を求めるように、水面に向かって大きく曲がった。

　魚は立派な体躯《たいく》をした野性的なオスだった。フライを口から外す根本をやぶにらみにし、リリースされた瞬間に尾びれで水面をたたいて、根本の顔に水しぶきをかけた。

「失礼なヤツだ。今度釣ったら食ってやる」

「怖い顔をしてたなあ」

「ここのヤマメはがっついていて、気が短いんだ。そんな場所ってあるだろう、人間の世界にも」

　確かにそういった場所が夜の街にはある。なんだか、そんなところで遊んでいるのが怖いような気分になってきた。根本は、私を振り向いて交代の意志を示したが、私は首を振った。根本はレインジャケットから雨滴を振り払うと、やにわに上流にキャストして、また魚をかけた。

　根本が五匹釣るのに十分はかからなかったと思う。魚はほとんど向こう合わせでかかった。五匹目をリリースした根本は背後を振り向き、下流の大きな木の下で雨宿りをしていた私に手招きをした。木陰から出たとき、雨脚がいくぶん弱まっているように感じた。

「フライだ」

そう言って、フライをつまんで私に見せた。例のグリーンのフライ。根本はフライボックスから、おなじフライをつまみあげ、私のベストのフライパッチに刺した。

「グリーンであればいいってもんでもないんだ」

根本はいつ私のフライを確認したのか、そう言った。私は濡れしょびて滑る指先でフライを交換した。

「フロータントもいらない。ともかく投げて、着水したあたりを眺めていればいい」

根本からそう言われて、キャストした一投目、銀色の光が水中にきらめいた。私は驚き、合わせがかなり遅れた。しかし魚はしっかりとフライをくわえていて、水の中を逃げ回った。私が少しバツが悪いような気分でうしろを振り返ると、根本はタバコに火をつけようとしていた。

ゴロワーズの匂いが流れてきたとき、根本は、

「これを一本吸う間に何匹釣れるかな」

と言った。

私は、すぐに上流にキャストした。また一投目に来た。いったん毛鉤を吐き出しておきながら、沈んでいくフライを追いかけて、また食ったのだ、イワナではなくヤマメがだ。そしてそれから立てつづけに六匹かけた。いずれも20～25㎝の間の中型で、尾びれには特徴的な赤い二本の筋がある。リリースするとき、ヤマメたちは決まって尾びれで水面をたたいて私の顔に水しぶきをかけた。ほんとうに気が荒い魚ばかりで、魚体に触れるこちらの手つきもぞんざいになりがちだった。寄ってきた根本に、私は六匹

だったぞ、と自慢した。根本は、まだまだこれからだ、と言って先に進んだ。

私は自分の順番を待ちきれないような思いで、しかしほとんどワンキャストごとに魚をかけた。ヤマメばかりで、イワナはいない。水中から次々と姿を現わすヤマメは、生きている銀色の木の葉のようだった。雨風に吹き飛ばされた、たくさんの葉が水中に沈んで、そのまま生命を得て魚になったような奇妙な錯覚があった。マタタビの葉の裏側の銀色を思いだした私は、周囲の森を見渡した。それらしき木はなかったし、そもそも葉っぱが魚になるはずがない。山奥の嵐でヤマメが発狂していると思った方が、はるかに真実にちかいように思えた。あるいは狂っているのは、これほど釣れているのに、なお先を争うようにして、ひたすら上流に向かっていく私たちの方かもしれなかったが。

昔の人ならば、すぐさま山の神を思ったろう。荒れ狂う風雨のただなかに科学知識を持たずに立っていて、通常では考えられないことが起っていれば、見えない存在の力を信じる外に自分のいる世界を納得させる方法はない。そして万が一、釣れつづける魚に夢中になったあげく増水した川に流され、滝壺に飲み込まれた釣り人の遺体が上がってこなかったならば、それはまちがいなく魚人伝説となる。

私は神の代わりに科学的根拠を探した。風雨で散る葉にはブナ虫が張りついていて、ヤマメたちは次々に降ってくる虫に狂乱しているのだ、きっと。

二十八年ぶりに会った友と竿を振るその日に異常なほど釣れるなんて、そのこと自体が異次元的であった。この上、物の怪じみた魚を釣り上げでもしたら大変だ、と思った。私たちはこの時点で釣りを切りあげるべきだったのだ。

しかし私たちは、それからも、まるで雨と根比べをするように釣りをつづけた。根本にしても、釣り慣れた釣り場なのだから、そんなにがっつくこともないだろうに、と思いながら、私は一匹釣って自分の順番が終わると、うしろ髪を引かれるように根本に前を譲った。

雨は降りつづいた。ときに激しく、一時もやむことなく、ただひたすら降りつづいた。私は空を見上げて、いったい空気のどこにこれだけの量の水分が含まれているのかとあきれたが、そんな私の顔にも容赦なく雨粒が落ちてきて、もはや私は全身水浸しといった状態だった。

それでも私たちは釣りつづけた。そんなに降るんだったら、こちらも釣りつづけるまでだ、というように、もはや意地の張り合いの様相を呈してきた。

5　イワナの視線

雨は正午すぎにやんだ。雨がやんだとき、私たちは雨の延長試合を戦い抜いたイレブンのように精根使い果たしたようなありさまだった。ずぶ濡れの私たちの目の前には堰堤《えんてい》が立ち塞がっていた。低い堰堤なのに、木々が覆いかぶさっているために、日暮れのように暗かった。

堰堤の落ち込みの右端に私が小さなライズを見つけたのと、根本が声をあげたのはほとんど同時だった。根本に促されてキャストすると、ダークオリーブのラインが暗い渓に同化するように飛んでいき、リーダーもうまい具合に着水した。

私の目にはナイスキャストだったというのに、なにかが魚を驚かせてしまったらしかった。フライが着水するや、たちまち、黒く大きな影が水中を走った。明らかに怯えた、慌ただしい様子で、堰堤の反対側の左端に逃げ込んだ。私の目に魚は40㎝を超えているように見えた。大きく息を吸い込むと、背後に呼応するような根本のうめきが聞こえた。黒い影の大きさにあきらめ切れない思いで、私は未練がましく魚の背中が消えた辺りの堰堤左端にフライを投げいれた。いったん驚かせた魚がフライにでてくるはずはないのに。

ところが、あっけなく水面が割れた。魚はこころ変わりをしたように、あっさりとフライをくわえたのだった。あれほどはっきりとこちらを警戒した魚が、直後にそんな行動を取るなんて普通ではない。どうにもこの渓の魚たちはおかしい。

寄せてみれば、魚は尺を超すイワナであった。大きかったが、ひどく痩せていた。ヤマメでさえおなじフライに二度食らいつく状況なのだ、イワナであればこういったこともありえる、とそう思いながらも、私のなかにはなにか釈然としない気分が残った。

私はヘビのように細いイワナの魚体を撮ろうとリュックから一眼カメラを取り出した。雨が降っているときでも、なんとか雨をしのいでカメラを向けることはできるが、午前中の雨は機材の心配だけでなく、私から撮影する気力を奪い取ってしまっていた。それだけに、雨があがったタイミングで魚が釣れたことがラッキーに思え、私はこの一匹は丁寧に撮ろうと思った。

釣った魚にダメージを与えずにリリースしたい気持ちは山々だが、魚の表情を接写で撮るとなると、動いては飛沫をあげる被写体は最悪のモデルだ。そのときも、弱らせたいわけではないが弱るのを待つ気持ちが、私のなかに確かにあった。あまりに渓が暗すぎてブレが心配だったから、繰り返し繰り返しシャッターを切った。角度を変えレンズを換えて、何十枚も撮影した。

私はまちがいなく十分以上しゃがみ込んでいたはずだ。根本は、私の姿を見ないフリをして先に行った。嫌いなのかもしれなかった、もはやキャッチ&リリースとは呼べないこういった行為が。

根本が堰堤に上がって上流にキャストしている姿を目の端に見ながらも、私はなお写真を撮りつづけた。私は魚の体力の限界を知っているつもりだった。

いつこちらを向き直っていたのか、堰堤の上から発せられた根本の声に、私は異常を聞いた。根本は私の名を、怯えたように、小さく、鋭く、叫んだ。

堰堤の上に立っている根本を見上げると、川辺にしゃがむ私の足元を指差した。私は足を動かさないようにして静かに水面に目を落とした。

そこにいたのは大イワナだった。背びれを水面から出して、座礁した潜水艦のような姿勢で不安定に定位している。そして目の前の浅瀬で苦しげにネットに横たわっている魚を、まっすぐに見つめているのだ。

イワナだけでなく、魚類全般に釣られた魚を隙あらば食らおうと狙ってくる魚はいるものだ。ハリがかりした魚を他の魚が追ってくる光景は見慣れているが、このときのイワナはまるで様子がちがっていた。私は少しだけ足を動かした。水中に砂塵《さじん》が舞いあがるが、逃げようとしない。それどころか逆に私の足に擦り寄ってきた。先ほど泡のなかに逃げ込んだ魚にまちがいなかった。

リリースネットの上に横になっている釣られたイワナは、病床に臥《ふ》せる人のような苦しげな呼吸を繰り返し、体を大きく波打たせている。

私はアロナーロッドを岸へと放り投げた。

すぐに釣った魚を水に漬けた。魚は一瞬腹を見せかけた。とんでもないことをしてしまった。死にかけているではないか。

――私は人殺しになる。

そのときはっきりとそう思った。

私は慌てて両手で魚体を支え、口からエラへと空気を送るように前後にスライドさせた。何度かおなじ動作を繰り返し、祈るように両手を離したときだった。私のくるぶし脇に定位していた大イワナが私の手にぶつかるようにやって来た。その刹那《せつな》、瀕死のイワナに生気が戻ったのだ。二匹はその場で体を擦り合わせ、尾びれを絡ませた。

二匹は並んでゆっくりと泳ぎ、体の調子を見るように、しばらくの間、岸際の浅瀬を行ったり来たりしていた。

そして大イワナだけがこちらに近寄ってきたとき、私は戦慄した。身の危険を感じたのだ。しかし浅瀬に定位した魚は穏やかに胸びれを揺らしただけだった。こちらを向いたままの彼がなにを言いたかったのかはわからない。視線は鋭くもなく、もちろん優しくはなく、彼は、ただ私を憐れんでいるのだと思った。

やがて彼はふらつく連れ合いを脇に抱えるようにして、ゆっくりと堰堤の泡の中に消えていった。

私は抜けがらになってしまったような気分で、ただ呆然と二匹を見送った。

私はそのまま川から上がった。踏み跡をたどり、先を行く根本の背中に向かって、声をかける余裕もなかった。根本は振り返ることもなく、ただ黙々と先を歩いた。車内でも会話らしい会話もせずに里に下り、街道沿いのそば屋に入った。

運転する根本には悪かったが、「すまないが飲ませてもらう」と宣言し、日本酒を燗で注文した。根本は、おちょこは二つ、とヤケになったような口調で言い足した。正月のとそ程度以上に飲むようだったら、そのときは止めなければと思った。そして、こういったときのいかなる偶然なのか、酒とそばを待つ私たちが見上げたテレビには、人面魚が映っていたのである。

　地元山形県のテレビ局が、酒田市の一つ南、鶴岡市郊外にある善宝寺の「貝喰みの池」に泳ぐ人面魚を特集していて、上から見下ろす鯉の頭には、明らかに人の顔と見える紋様があった。苦しげな面相であった。善宝寺というのは曹洞宗の、この辺りではかなり知られた古刹《こさつ》で、古くから釣りの盛んな庄内という土地にあっては、魚鱗一切の供養をしているといい、そびえ立つ五重塔も魚たちへの供養塔という。つまりは釣り人のための寺であるらしく、当地出身の作家、藤沢周平の「龍を見た男」でもその池が重要な場面として登場すると紹介されていた。

　番組は大魚大漁を求めつづける釣り師の煩悩とそこで座禅を組む禅僧の苦行を、魚の頭に現われる人面と結びつけたがっていた。

――魚鱗一切の供養、か……。

　酒のお代わりをして、私は少し酔った。気つけの一杯に留めた根本が、行くか、と言ったとき、私の耳には、寺に行くか、と聞こえていた。もちろん私はうなずいた。そうしなければならない、と思った。

　それなのに、根本よ、なぜオマエは再び車を上流に向けて走らせているのだ。

（初出『フライロッダーズ』２００４年８月号。『渓流賛歌』所収　地球丸刊『イワナの視線』を改題。発行社解散による絶版のため大幅加筆修正の上、改題して本書に再所収）

ライフ・イズ・フライフィッシング

シーズン3

著者　阪東幸成
写真　阪東幸成
装丁　ふらい人書房　編集部
校正　舟串彰文
発行日　２０２４年2月16日　第一版
発行者　ふらい人書房
印刷所　株式会社　藤プリント
発行所　ふらい人書房
東京都町田市三輪緑山２‐25‐21
HP　www.flybito.net
e-mail　flybito@me.com

ISBN978-4-909174-15-4